U0679452

元宇宙时代
著作权
保护指南

元宇宙著作权联合课题组　编著

ZHEJIANG UNIVERSITY PRESS
浙江大学出版社
·杭州·

图书在版编目（CIP）数据

元宇宙时代著作权保护指南 / 元宇宙著作权联合课题组编著 .— 杭州 : 浙江大学出版社, 2023.7（2024.1重印）

ISBN 978-7-308-22831-2

Ⅰ. ①元⋯ Ⅱ. ①元⋯ Ⅲ. ①著作权法—中国—指南 Ⅳ. ①D923.41-62

中国版本图书馆CIP数据核字（2022）第123822号

元宇宙时代著作权保护指南

元宇宙著作权联合课题组　编著

责任编辑	伍秀芳（wxfwt@zju.edu.cn）	
责任校对	林汉枫	
封面设计	周　灵	
出版发行	浙江大学出版社	
	（杭州天目山路148号　邮政编码：310007）	
	（网址：http://www.zjupress.com）	
排　　版	浙江大千时代文化传媒有限公司	
印　　刷	杭州宏雅印刷有限公司	
开　　本	880mm×1230mm　1/32	
印　　张	7.5	
字　　数	156千	
版 印 次	2023年7月第1版　2024年1月第2次印刷	
书　　号	ISBN 978-7-308-22831-2	
定　　价	78.00元	

编写工作组

华东政法大学：

臧志彭　吴申伦　袁　锋　吴基祥

蚂蚁链团队：

蒋国飞　徐　惠　罗少文　刘劲雄　刘　坚　张晓博
侯章军　杨文龙　钱　烽　何思枫　许诗起　仇杨涛
沈利娜　孙　曦　姚琳琳

前　言

　　2021年，在技术和产业领域中最火爆和备受追捧的概念莫过于"元宇宙"（metaverse），这一极具科技感与未来感的抽象概念激发了人们的无穷想象力，现实世界与虚拟世界的融合仿佛近在眼前。元宇宙的概念究竟应该如何界定，业内实际上并没有确切的定义。硅谷知名科技创业者兼投资人克里斯·迪克森认为，元宇宙是"虚拟化的生活"，现实中的一切也同时可以在虚拟世界中完成，区块链、虚拟资产、虚拟身份、数字藏品是核心。清华大学新闻与传播学院新媒体研究中心发布的《2020—2021年元宇宙发展研究报告》将元宇宙概念界定为：元宇宙是整合多种新技术而产生的新型虚实相融的互联网应用和社会形态，它基于扩展现实技术提供沉浸式体验，以及数字孪生技术生成现实世界的镜像，通过区块链技术搭建经济体系，将虚拟世界与现实世界在经济系统、社交系统、身份系统上密切融合，并且允许每个用户进行内容生产和编辑。由此可见，元宇宙不仅仅是纯粹的虚拟空间，而且是虚拟世界与现实世界交互融合的人类新一代数字化生存方式。其中，区块链技术正是打通虚拟与现实壁垒、建构人类未来世界新型生产关系的核心技术基础。

对于区块链应用于产业经济而言，在保证网络安全的基础上，我国政府一直持鼓励和支持态度。2019年10月24日，习近平总书记在第十九届中共中央政治局第十八次集体学习中指出，要把区块链作为核心技术自主创新重要突破口；要加强区块链标准化研究，提升国际话语权和规则制定权；要推动区块链和实体经济深度融合；要把依法治网落实到区块链管理中，推动区块链安全有序发展。在国家和各级政府的积极支持下，国内关于区块链技术的研究和应用进入快速发展阶段，并在金融、贸易、数字货币、版权保护等多个领域得到广泛应用。在如火如荼的元宇宙发展大潮中，知识产权领域所面临的挑战不容小觑，其中著作权的保护也面临很多问题。

本书力求以通俗易懂的科普读物的形式，对互联网、区块链、元宇宙、著作权等几方面的基本知识及其相互关系进行介绍和阐述。本书共五章。第一章介绍了著作权的基本精神与内容；第二章阐述了互联网时代著作权保护面临的挑战；第三章介绍了区块链在著作权保护中的应用；第四章介绍了区块链数字藏品的普及与著作权保护；第五章阐述了元宇宙中的区块链与著作权保护。

随着互联网对社会影响的加深，元宇宙乃是大势所趋，新的变革在所难免。因此，元宇宙可能给版权产业带来新的著作权挑战与机遇；反过来，版权产业、著作权保护措施以及《著作权法》的修订也需要在未来适应元宇宙的运行机制。本书对著作权与区块链的未来进行了畅想，介绍了元宇宙的内涵与外延，解释了区块链保护著作权对于元宇宙的意义，可以帮助读者对未来社会的趋势做出合理预判。本书围绕互联网时代下的区块链技术发展展开，前瞻性地将区块链技术应用于著作权保护，并且提供了诸多技术案例，可作为互联网、区块链、元宇宙及著作权保护方面的科普读物。

当今科技的发展突飞猛进、日新月异，本书虽尽可能力求全面，紧跟时代步伐，但该领域新理论、新技术频现，应用广泛，笔者才疏学浅，难免有遗漏及不足之处，恳请读者见谅并不吝赐教。

目　录

第一章

著作权的基本精神与内容

　　著作权也叫版权，与我们每个人息息相关，专门用于保护人的智力创造成果。我们看到的一本书、一张照片、一幅画、一部电影等，无不包含着创作者的著作权；反过来说，我们在社交媒体上发的心情文字、自拍照片、短视频、翻唱歌曲也都拥有对应的著作权。一个国家著作权制度的好坏直接影响着该国文化创造的程度与相关产业的兴衰，特别是国民是否普遍拥有著作权保护的意识，关系到著作权侵权行为发生的多寡。《中华人民共和国著作权法》（以下简称为《著作权法》）是我国著作权制度的集中体现，或者说法律本身才是最权威的标准。所以，若要提高民众的著

作权保护意识，《著作权法》知识的普及就显得至关重要。

但是，很多人并不知晓著作权的由来与发展，也就不清楚著作权的存在所体现的法律精神。更具体来说，普通人即便知道著作权的重要性，也不熟悉《著作权法》中的各项规定，包括什么样的内容创意受到保护、法律给予了创作者什么样的权利、侵权会受到什么样的惩罚等。当然，世界上没有无中生有的权利，也没有一朝成文的规定，著作权制度对于我国而言也是舶来品。本章将从著作权的起源讲起，展现国际著作权制度所要体现的精神，解释受到《著作权法》保护的作品标准，以及发行权、表演权、信息网络传播权、改编权等权利的内容指向，使读者可以辨别合理使用与侵权的差异。也只有如此，面对席卷而来的数字化浪潮，我们才能真正理解著作权应当何去何从。

一、著作权的起源与发展阶段

早在 1861 年，威廉·阿诺德就曾指出："历史就是法律的本源，法律就是历史的本源。"美国著名的大法官霍姆斯也曾精辟地说过："一页历史胜过一卷逻辑。"因此，从历史的视角来看著作权制度的变迁，有利于我们更好地审视著作权制

度的本质与内涵。著作权制度
的变迁大体而言经历了特许出
版权、私权以及国际化等三个
阶段。

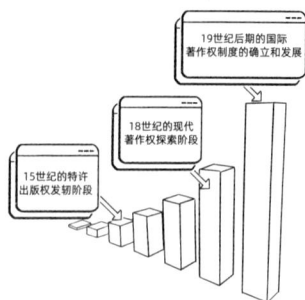

(一)特许出版权发轫阶段

著作权制度的起源得益
于 15 世纪古登堡印刷技术的发
明。印刷技术传入欧洲之后，带来了复制成本的降低，进而催
生了印刷产业的起源和发展。古登堡之前，整个欧洲大陆大约
只有 3 万册书，大部分为《圣经》或圣经评注。1500 年，古登
堡印刷技术发明之后，各类题材的图书猛增到 900 万册。印刷
技术的应用使图书出版业作为新产业得以兴起和发展，给图书
出版商带来了巨大收益，进而催生了大型图书出版商的出现，
与此同时也诱发了大量盗版图书出现的问题。这些以投资为中
心、组织结构严密的图书出版商为了获取资本和利益，力图谋
求对书籍的垄断复制和发行权。与此同时，出版产业的兴起增
加了政府的税收和其他收
入，并使得图书获得了广泛
的传播，各种异端邪说开始
肆虐，政府控制言论的需求
大大增加。在这两种利益需
求的加持下，特许出版权制
度开始诞生。

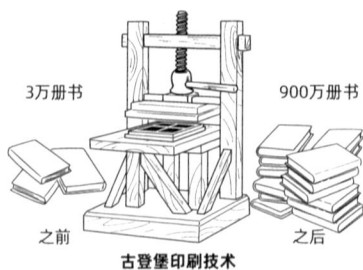

古登堡印刷技术

15—16 世纪，在威尼斯、法国、英国等欧洲国家陆续出现了特许出版权制度，尤其是当时的英国，出版产业的发展比较成熟，进而催生了较为成熟的印刷出版特权。例如，1529 年，英王亨利八世（都铎王朝）开列了禁书名单，从此开始了对印刷出版业的压制。1538 年，又正式颁令皇家特许制度，规定所有的出版商均须经过皇家许可，否则禁止营业。1557 年，玛丽女王下令成立由出版商组成的印刷公会，规定只有经过女王许可的出版商才能成为公会会员，只有印刷公会会员和其他经许可者才能从事印刷出版，同时规定出版者须将准备出版的书籍送交官方审查，并在印刷公会登记注册。值得注意的是，特许出版权并不是真正的著作权，这是因为特许出版权的本质是封建政府"恩赐"给出版商的一项特权，是否授予完全基于封建政府的意志，而不是可以自由处分的私权。因此，特许出版权本质上是政府允许出版商使用的、属于官方的一项公权力，这与现代著作权制度保护作者的利益有本质的区别。

（二）现代著作权探索阶段

西方资产阶级革命胜利之后，封建统治走向末路，资产阶级的利益连同启蒙思想家的主张转变为政治要求。特许出版权已不能满足出版商的利益，一种全新的著作权制度出现。这种萌芽首先在英国产生。在英国，书商团体不断壮大，形成了早期的"垄断组织"（印刷公会）。他们为巩固其贸易秩序，继续扩大特许出版权，垄断图书的贸易市场。专用于维护出版社利益的特许出版制度由于其垄断特性，受到了越来越多人的批评，公众痛恨垄断，废除垄断之声日益高涨。在这种情境之下，出版商开始转变策略，他们意识到可以利用保护作者的名义来保护他们的权益。最终在各种势力角逐下，英国议会于1709年通过一部以保护作者的权利为目的的法案，史称《安娜女王法》①。

《安娜女王法》规定："鉴于最近印刷商、书商擅自印刷、重印、出版他人书籍或其他著述，而未获得该书籍或著述之著作者许可，对其造成损害，或经常导致其本人破产及家境败落，为防止将来此等行为的发生，同时为了勉励学人撰写著作及写作有益的书籍……（规定）著作人及其受让人，自该书籍首次发行之日起算，应享有印刷、重印该书籍的专有权14年。"

《安娜女王法》标志着著作权法的诞生，为现代著作权制度奠定了基石。理论界一般将《安娜女王法》称为人类历史上第一部现代意义上的著作权法，其理由在于该法将保护的重心聚焦在了作者，承认作者本人是著作权保护的本源。权利是依

---

① 《安娜女王法》也被译为《安妮女王法》，得名于当时在位的英国君主安娜（安妮）女王。《安娜女王法》的立法目的是防止印刷者不经作者同意就擅自印刷、翻印或者出版作者的作品，以鼓励有学问的人士写作有益书籍。该法指出，作者是第一个对作品享有权利的人，包括首次出版和重印的专有权；出版者或者书商对他们印制与发行的图书享有翻印、出版、出售等专有权。一般作品的保护期为14年，期满且作者尚未去世的，可延长14年。

法产生，而不是根据皇家特别授权获得，法律明确授予作者对其作品享有复制和发行权，同时授予作者对已出版作品的著作权享有 14 年的保护期，最长保护期为 28 年。《安娜女王法》确立了现代版权私权的基本样式：作者在特定的期限内享有专有权利，其性质转变为由民法调整的、可转让的财产权。

18 世纪后期，随着资本主义的蓬勃发展，著作权私权制度也在欧洲大陆开始蔓延和设立。这些国家在设立著作权时把资产阶级启蒙思想家孟德斯鸠、卢梭等人的言论、天赋人权等人权观念引入著作权法范畴，进而形成了著作人格权的理论。他们认为作品是作者人格的延伸和精神的反映，因此作者对作品享有人格权，并且其重要性重于财产权。

在这个历史阶段正式形成了著作权法当中的两大法系。一个是以美国、英国为代表的"版权法体系"（也有人称之为"普通法系"）。该体系视作品为普通财产，强调对于作品的利用，强调版权是一种经济权利，可以自由转让，而对于作者精神权利的保护相对不太重视。另一个是以法国和德国、西班牙、意大利等国为代表的"作者权体系"（或称为"大陆法系"）。该体系视作品为作者人格的延伸和精神的反映，更加注重对作者精神权利的保护，甚至将作者精神权利的保护放在了比经济权利更为重要的地位上，著作权转让受到限制。但随着国际经济一体化的发展，尤其是《伯尔尼公约》《世界版权公约》等国际条约的缔结，两大法系相互靠拢，其差异逐渐缩小。

（三）国际著作权制度的确立和发展

19 世纪后期，随着国际关系和文化交流的发展，许多优秀作品被译成他国文字在全世界出版发行，传播已经跨越国界。这就给著作权保护提出了一个新的问题，因为著作权具有严格地域性，一国著作权的保护只能在该国范围内有效，不能延伸到其他国家。这一情况使得各国积极谋求著作权的国际保护。起初，一些国家在国内法规定一些互惠条款，后来一些国家开始签订双边协定，相互提供保护，最后发展到缔结多边国际公约进行世界范围的保护。最早的著作权国际公约是在 1886 年签订的《保护文学和艺术作品伯尔尼公约》（以下简称为《伯尔尼公约》）①。当时有 10 个国家签署了这个公约，该公约于 1887 年 12 月 5 日生效。经过一个多世纪的发展，该公约经过七次增补和修订，形成目前多数成员国批准的 1971 年巴黎文本。该公约已经成为一个具有世界性调整著作权关系的基础性国际公约，目前共有 181 个成员国。

《保护文学和艺术作品伯尔尼公约》出现

著作权受保护

成员国从10个到现在的181个

① 《保护文学和艺术作品伯尔尼公约》（Berne Convention for the Protection of Literary and Artistic Works），1886 年 9 月 9 日在伯尔尼举行的第三次大会上通过了这个草案，《伯尔尼公约》因此而得名。《伯尔尼公约》涉及对作品和作品作者的保护，条约以三项基本原则（"国民待遇原则""自动保护原则""保护的独立性原则"）为基础，载有一系列确定所必须给予的最低保护方面的规定，以及为希望利用这些规定的发展中国家所做出的特别规定。

由于《伯尔尼公约》的保护标准较高，而且主要反映了欧洲的法律文化，使得以美国为代表一些普通法系国家不愿意加入。第二次世界大战以后，联合国教育、科学及文化组织为了吸收更多的国家加入国际著作权保护体系，一直在酝酿制定一部新的国际性著作权公约，经过 3 年多的努力，于 1952 年 9 月在日内瓦通过了《世界版权公约》①。1994 年 4 月，世界贸易组织在原来关贸总协定的基础上通过了《与贸易有关的知识产权协议》（英文缩写为 TRIPS，以下简称为 TRIPS 协定）②，该协定是第一个将知识产权纳入世界贸易范围的国际条约，对

①《世界版权公约》（Universal Copyright Convention）是继《伯尔尼公约》后又一个国际性的著作权公约，于 1947 年由联合国教育、科学及文化组织主持准备，于 1952 年 9 月 6 日在日内瓦缔结，1955 年生效，并于 1971 年 7 月 24 日在巴黎修订。因为《伯尔尼公约》的保护标准较高，而且主要反映了欧洲的法律文化，一些普通法系的国家不愿意加入。联合国教科文组织为了吸收更多的国家加入国际著作权保护体系，在《世界版权公约》中做了很多的折中妥协。《世界版权公约》由 7 条实体条文与 14 条行政条文组成，实体条文比较笼统，并且保护标准较低，以便更多的国家满足加入条件，同时吸收了版权体系的文化特点，例如其规定了非自动保护原则（即必须加注"版权保留"标记方予保护）、国民待遇原则（与《伯尔尼公约》相比要简单得多）、无追溯力规定等内容。

②《与贸易有关的知识产权协议》（Agreement on Trade-Related Aspects of Intellectual Property Rights, TRIPs）缔结于 1994 年，是世界贸易组织管辖的一项多边贸易协定，是迄今为止对各国知识产权法律和制度影响最大的国际条约。协议具有三个突出特点：第一，它是第一个涵盖了绝大多数类型知识产权类型的多边条约，既包括实体性规定，也包括程序性规定。第二，它是第一个对知识产权执法标准及执法程序做出规范的条约，对侵犯知识产权行为的民事责任、刑事责任以及保护知识产权的边境措施、临时措施等都作了明确规定。第三，它引入了世界贸易组织的争端解决机制，用于解决各成员之间产生的知识产权纠纷。

促进知识产权的发展、影响各国的知识产权立法，都起到了前所未有的重要作用。

《伯尔尼公约》主要以欧洲大陆法为基础，只保护到作者的权利，并不涉及作者以外的权利，例如表演者、录音制作者和广播组织等邻接权。因此，为解决邻接权的国际保护问题，1961年由联合国国际劳工组织、教科文组织和世界知识产权组织共同发起，在罗马签订了《保护表演者、录音制品制作者与广播组织公约》[①]，简称《罗马公约》。值得注意的是，《罗马公约》是"非开放性"的，即参加国必须是《伯尔尼公约》或《世界版权公约》成员国。《罗马公约》的"非开放性"使得长期以来只有少数国家加入该公约。另一方面，为制止国际上愈演愈烈的录音制品盗版活动，有必要建立一个专门保护录音制品制作者的公约，1971年在日内瓦签订了《保护录音制品制作者防止未经授权复制其录音制品公约》，简称《录音制品公约》。

新技术领域的智力创造为知识产权保护带来的许多问题已经无法依靠传统的著作权原则予以解决，《伯尔尼公约》和《罗马公约》的最后文本都是20世纪60和70年代制定的。在世界

---

① 《保护表演者、录音制品制作者与广播组织公约》（International Convention for the Protection of Performers, Producers of Phonograms and Broadcasting Organizations）缔结于1961年，对表演者、录音制品制作者与广播组织规定了一系列专有权利，如表演者享有广播和向公众传播他们的现场表演，对他们的现场表演进行录制等权利，以确保对表演者的表演、录音制品制作者的录音制品和广播组织的广播节目予以保护，并且公约允许国内法对上述权利规定限制和例外，如私人使用、在时事报道中少量引用、广播组织利用自己的设备为自己的广播节目进行暂时录制等。

知识产权组织的牵头下，制定了解决数字技术和互联网给著作权制度带来冲击的《世界知识产权组织著作权条约》①与《世界知识产权组织表演与录音制品条约》②。近年来，世界知识产权组织的影响越来越大，在其牵头引领下制定了一系列著作权相关的国际条约。例如 2012 年制定了旨在保护表演者对其录制或未录制的表演所享有的精神权利和经济权利的《视听表演北京条约》③；2013 年签订了旨在为盲人、视力障碍者和其他印刷品阅读障碍者（视障者）获取作品设置限制与例外的《马

① 《世界知识产权组织著作权条约》（World Intellectual Property Organization Copyright Treaty, WCT）属于《伯尔尼公约》的特别协议，缔结于 1996 年，涉及数字环境中对作品和作品作者的保护。任何缔约方（即使不受《伯尔尼公约》的约束）均须遵守《保护文学和艺术作品伯尔尼公约》（1886）。该条约还提及受版权保护的两个客体：计算机程序和数据或其他资料的汇编（"数据库"），并且在授予作者的权利方面，除了《伯尔尼公约》承认的权利以外，该条约还授予三种权利：发行权、出租权和向公众传播的权利。

② 《世界知识产权组织表演与录音制品条约》（WIPO Performances and Phonograms Treaty, WPPT）缔结于 1996 年，涉及两种受益人——特别是在数字环境中的知识产权：Ⅰ.表演者（演员、歌唱家、音乐家等）；Ⅱ.录音制品制作者（最先将声音录制下来并负有责任的自然人或法人）。该条约规定了此二者主体的相关专有权利，如表演者对其以录制品录制的（而不是以音像制品（例如电影）录制的）表演享有复制权、发行权、出租权、提供权等权利；录音制品制作者对其录音制品享有复制权、发行权、出租权、提供权等权利。

③ 《视听表演北京条约》（Beijing Treaty on Audiovisual Performances）由 2012 年 6 月 20 日至 26 日在北京举行的保护音像表演外交会议通过，该条约涉及表演者对视听表演的著作权。条约规定表演者对其以视听录制品录制的表演，例如电影，享有复制权、发行权、出租权、提供权等四种经济权利，并对于未录制的（现场）表演规定表演者享有广播权（转播的情况除外）、向公众传播的权利（除非表演已属广播表演）以及录制权等三种经济权利。

拉喀什条约》[1] 等。

二、我国著作权的相关法律和缔结的国际条约

从历史的视角来看，1910 年，清朝颁布了我国历史上首部著作权法——《大清著作权律》。该法的创立是特定历史阶段的产物，也是博采众长的结果，同时吸收了英美法系和大陆法系著作权法的基本原则。由于清朝的迅速灭亡，这部法律并未实施，但它对后来中华民国北京政府和南京政府的著作权立法产生了重大影响。新中国成立以来，我国一直没有全面保护著作权的法律，也没有形成比较完善的著作权制度，主要依靠一些零散的法律、法规对作者的著作权进行保护，例如 1950 年的《关于改进和发展出版工作的决议》、1953 年的《关于纠正任意翻印图书现象的规定》、1958 年的《关于文学和社会科学书籍稿酬的暂行规定》、1980 年的《关于书籍稿酬的暂行规定》、1982 年

---

[1] 《马拉喀什条约》全称为《关于为盲人、视力障碍者或其他印刷品阅读障碍者获得已出版作品提供便利的马拉喀什条约》（Marrakesh Treaty to Facilitate Access to Published Works for Persons Who Are Blind, Visually Impaired, or Otherwise Print Disabled），于 2013 年 6 月 27 日在马拉喀什通过。它具有鲜明的人道主义和社会发展维度，主要目标是创设一组有益于盲人、视力障碍和其他印刷品阅读障碍等视障者的强制性限制与例外。条约要求缔约方在版权规则中规定一套标准的限制与例外，允许复制、发行和提供已制成对视障者无障碍格式的已出版作品，允许为这些受益人服务的组织跨边境交流这些作品。

的《录音录像制品管理暂行规定》、1984 年的《图书期刊版权保护试行条例》等。

1978 年以后，改革开放政策为著作权法的制定提供了良好的条件。著作权法律自 1979 年开始起草，经过长达 11 年的艰苦努力，到 1990 年 9 月，我国终于通过了新中国成立以来第一部全面保护著作权的《中华人民共和国著作权法》（以下简称为《著作权法》），于 1991 年 6 月 1 日起实施。在《著作权法》实施之前，又颁布了由国务院通过的《中华人民共和国著作权法实施条例》（以下简称为《实施条例》）。我国《著作权法》自实施以来，对经济文化建设和社会生活产生了深刻影响，也促进了我国与世界各国的科学技术、文化、教育交流。随着著作权国际交流的扩大，1992 年我国同时加入《伯尔尼公约》和《世界版权公约》，1993 年 4 月加入了《录音制品公约》。

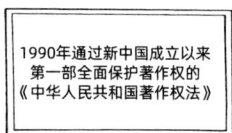

为了扫清我国加入世界贸易组织的障碍，以及快速加入世界贸易组织的 TRIPS 协定，我国立法机关于 2001 年通过了"著作权法修正法案"，这是我国《著作权法》的第一次修法。同年，我国加入了 TRIPS 协定。2010 年，为了履行世界贸易组织有关中美知识产权争端专家组裁定，我国对《著作权法》做了第二次修改。2021 年，我国对《著作权法》做了第三次修改。

如果说《著作权法》的前两次修改基于履行我国加入世界贸易
组织、满足国际条约等相关义务的背景，具有被动性和局部性
的特点，那么《著作权法》的第三次修改则是我国为适应经济
社会发展和科学技术进步现实需要而进行的主动、全面的调整，
包括完善作品定义、著作权集体管理、广播权、职务作品、视
听作品著作权归属、合理使用、法定许可、职务表演、证据保全、
举证责任等内容。详情见表 1.1。

表 1.1　《著作权法》第三次修改的部分重要内容及其影响

《著作权法》2010 年版	《著作权法》2021 年版	修法目的和意义
第三条　本法所称的作品，包括以下列形式创作的文学、艺术和自然科学、社会科学、工程技术等作品： …… （九）法律、行政法规规定的其他作品。	第三条　本法所称的作品，是指文学、艺术和科学领域内具有独创性并能以一定形式表现的智力成果，包括： …… （九）符合作品特征的其他智力成果。	文艺创作的方式和表达形式具有动态性和不确定性，尤其是伴随着各类新技术的发展，作品创作方式更加多样化，著作权法中的作品类型和范围也在不断扩张，该条为新技术环境下各种新型智力成果的保护提供了空间。

续表

《著作权法》2010年版	《著作权法》2021年版	修法目的和意义
第十条 著作权包括下列人身权和财产权： …… （十一）广播权，即以无线方式公开广播或者传播作品，以有线传播或者转播的方式向公众传播广播的作品，以及通过扩音器或者其他传送符号、声音、图像的类似工具向公众传播广播的作品的权利； （十二）信息网络传播权，即以有线或者无线方式向公众提供作品，使公众可以在其个人选定的时间和地点获得作品的权利； ……	第十条 著作权包括下列人身权和财产权： …… （十一）广播权，即以有线或者无线方式公开传播或者转播作品，以及通过扩音器或者其他传送符号、声音、图像的类似工具向公众传播广播的作品的权利，但不包括本款第十二项规定的权利； （十二）信息网络传播权，即以有线或者无线方式向公众提供、使公众可以在其选定的时间和地点获得作品的权利； ……	广播权与信息网络传播权自此构成非交互式与交互式作品传播的完整权利体系，以网络直播为代表的网络非交互传播行为可被广播权调整。

续表

《著作权法》2010年版	《著作权法》2021年版	修法目的和意义
第二十二条 在下列情况下使用作品,可以不经著作权人许可,不向其支付报酬,但应当指明作者姓名、作品名称,并且不得侵犯著作权人依照本法享有的其他权利: ……	第二十四条 在下列情况下使用作品,可以不经著作权人许可,不向其支付报酬,但应当指明作者姓名或者名称、作品名称,并且不得影响该作品的正常使用,也不得不合理地损害著作权人的合法权益: …… (十三)法律、行政法规规定的其他情形(新增)	为符合《伯尔尼公约》"三步检验标准",增设了"并且不得影响该作品的正常使用,也不得不合理地损害著作权人的合法权益"规定。传统封闭、枚举式的合理使用规定,已经无法满足当前的实践需要,也无法跟上技术发展的步伐。而第二十四条在明确列举12种情形之外增设了一般性条款,也即"法律、行政法规规定的其他情形",这就使我国封闭式列举的合理使用规定向开放性转变,这就为应对司法实践中各种有利于公共利益的新型作品使用行为,尤其是为应对新技术环境下的各种新型使用行为,包括游戏直播、短视频等新型著作权问题提供了开放灵活的解决路径。

续表

《著作权法》2010 年版	《著作权法》2021 年版	修法目的和意义
	第四十九条 为保护著作权和与著作权有关的权利,权利人可以采取技术措施。 未经权利人许可,任何组织或者个人不得故意避开或者破坏技术措施,不得以避开或者破坏技术措施为目的制造、进口或者向公众提供有关装置或者部件,不得故意为他人避开或者破坏技术措施提供技术服务。但是,法律、行政法规规定可以避开的情形除外。 本法所称的技术措施,是指用于防止、限制未经权利人许可浏览、欣赏作品、表演、录音录像制品或者通过信息网络向公众提供作品、表演、录音录像制品的有效技术、装置或者部件。(新增)	更为详细地解释规定了技术措施的定义和作用,为侵权者恶意破坏或绕过版权保护技术的行为定性提供了法律依据。

续表

《著作权法》2010 年版	《著作权法》2021 年版	修法目的和意义
第五十三条 ……	第五十九条 …… 在诉讼程序中，被诉侵权人主张其不承担侵权责任的，应当提供证据证明已经取得权利人的许可，或者具有本法规定的不经权利人许可而可以使用的情形。(新增)	针对网络侵权案件中举证困难的普遍情形，通过举证倒置，要求侵权者优先证明自己的作品使用行为是合法的，降低了著作权人起诉侵权者的举证负担。

由此可见，《著作权法》第三次修改时，我国立法者至少考虑了以下两种情形：第一，以网络化、数字化等为代表的新技术的高速发展和应用，一些现有规定已经无法适应实践需要。第二，由于网络侵权行为泛滥，著作权维权成本高、侵权赔偿数额低，但执法手段不足，著作权侵权行为难以得到有效遏制，权利保护的实际效果与权利人的期待还有一定差距。

目前，中国著作权法已经建立了一套比较完备的保护体系，建立了以《著作权法》为核心，《实施条例》《信息网络传播权保护条例》《计算机软件保护条例》《著作权集体管理条例》等为侧翼的著作权法保护制度。其中国务院制定的《实施条例》是《著作权法》具体实施细则。国务院制定并实施的《信息网络传播权保护条例》是《著作权法》为适应网络环境下各方利益博弈而做出的有力补充，不仅进一步完善了我国著作权相关法规，而且促进了我国信息数字化进程，是我国网络信息产业发展历史中一个重要的里程碑。《计算机软件保护条例》是我国为保护计算机软件的专门法律规定，早在1991年就已制定和实施，至今经过几次修改，已使我国的软件著作权保护水平与国际水平基本保持一致。为完善和丰富我国著作权的法律体系，国务院在2005年颁布了《著作权集体管理条例》。《著作权集体管理条例》规范了我国著作权集体管理活动，使得我国著作权相关权利人更加便捷和秩序地使用作品。

在全球经济、文化一体化的背景下，我国始终积极加强同其他国家的版权交流，积极加入相关的国际版权公约，诸如除了前面提到的《伯尔尼公约》《世界版权公约》《录音制品公约》、TRIPS协定、《世界知识产权组织著作权条约》《世界知识产权组织表演与录音制品条约》《视听表演北京条约》《马拉喀什条约》等国际条约。《著作权法》第三次修改的另一项重要立意，正是出于现行《著作权法》部分规定有必要与我国近年来加入的国际条约以及出台的民法总则等法律进一步做好衔接。例如，明确出租权的对象是视听作品、计算机软件的原件或者复制件，延长摄影作品的保护期，在有关合理使用的条款中规定"不得影响该作品的正常使用，也不得不合理地损害著作权

人的合法权益"，将盲人的合理使用扩大到阅读障碍者等。

三、著作权制度保护的对象客体

　　著作权制度保护的对象客体是指著作权法律关系中权利义务所共同指向的对象，法律中称之为"作品"，即我国《著作权法》规定的各项权利具体施加于何种内容之上，因为并不是所有的内容创意都会受到法律保护。作品在著作权和著作权保护中具有基础性地位，没有作品就没有著作权。因此，我们要充分理解作品的内涵、判断标准及具体类型。同时也应当厘清不受著作权法保护的对象，充分把握其与作品之间的界线，以及为何不受著作权法保护的基本原理。这样，在日常生活中，我们才能较为清楚地判断，他人或是自己创造的哪些内容是受到保护因而需申请许可方能使用，哪些内容是可以自由使用而不触及著作权法的保护范围。

（一）著作权法意义上的作品概念及构成要件

　　著作权法中的作品具有特定的法律意义，与我们通常所理解的生活经验的作品和艺术领域的作品都不一样，所以要注意结合著作权法的相关规定来理解作品的内涵。我国《著作权法》第三条规定："本法所称的作品，是指文学、艺术和科学领域内具有独创性并能以一定形式表现的智力成果。"《伯尔尼公约》第2条第1款也规定"文学艺术作品一语，包括文学、科学和艺术领域内的一切成果，而不问其表现形式或表现方式如何"。法条对"作品"定义太过抽象，而根据该法条以及著作权法基本原理和相关判例，可以总结出作品的具体构成要件，对作品的界定应当结合其构成要件进行理解。

1. 作品必须是人类智力成果（意识意志之下的美感）

作品应当是人类在意识意志之下创作的、具有一定文学艺术美感的结果。脱离人的创作，纯粹的自然风光和声音虽然也可能具有美感，但不可能构成作品。例如新疆罗布泊地区的雅丹地貌虽然形态各异，有些地貌甚至极具艺术美感，但由于它是自然形成，并非由人雕刻、创作而成，所以无法构成作品。

【司法实践】"黑猩猩自拍照"的著作权归属案

2011年，英国摄影师大卫（David Slater）在印度尼西亚拍摄濒危猩猩，却不料自己的相机被一只调皮的猩猩抢走了，并在无意间按下了快门。大卫在抢回照相机之后，发现相机中有几张猩猩的自拍照拍得十分好。于是，这个美丽的意外被报

道在了一些报纸上，这只
猩猩也被起名为 Naruto。

后来，维基百科将
这件事收录到了自己的网
站上，并在没有经过大卫
允许的情况下在网站上刊
登了大量大卫的照片，且

拒绝撤下照片。与此同时，善待动物组织也加入了这场争论。
善待动物组织称，照片是一只猩猩拍下的，它应该享有照片的
版权。

美国法院最后判决，猩猩不能申请知识版权的保护，驳回
了善待动物组织的观点，但是大卫同意捐赠猩猩自拍照所能产
生的全部收入的四分之一给善待动物组织，用于保护印度尼西
亚黑猩猩栖息地。从我国《著作权法》的角度来看，受保护的
作品必须是人类智力的创作成果，拍摄作品的黑猩猩不是人，
所以它不能享有著作权。

2. 作品必须是文学、艺术或科学领域内的成果

人类的智力成果的范围和表现形式很广，著作权法保护的
仅仅只是其中属于文学、艺术和科学领域的创作，一些智力成
果及表现形式即便受到其他知识产权法律制度或相关法律的保
护，也可能无法成为财产权的客体而受到法律保护。例如，技
术范畴的智力成果，包括发明创造、实用新型等虽然也是人类
智力成果，但由于其并不属于文学、科学和艺术领域的表现形

式，无法构成作品受到著作权法保护，但可以受到《专利法》的保护。

3. 作品必须是能够被他人客观感知的外在表达

仅仅停留在内心世界的思想或意识无法构成作品，只有作者将所思所想跃然于载体之上，通过一定具体的表达形式予以表现出来，例如文字、声音、动作、符号、色彩等，才可能被社会公众直接或间接地感知、欣赏。

4. 作品必须具有独创性

独创性（originality）作为作品构成要件最初来源于英国版权法，之后得到各国著作权法的普遍确认。但是，由于独创性问题的复杂性、模糊性以及不确定性，有学者甚至将其称为"如同哥德巴赫猜想般难解而又非常重要的问题"。所以，在理解独创性时，应当把握以下两点。

第一，独创性中的"独"并不是指"独一无二"或"首创"，而是意旨独立创作，源自本人。也即作品必须是作者个人通过自己的独立构思，发挥自己的聪明才智独立完成的成果，不是从别人那里剽窃、抄袭过来的。

第二，独创性中的"创"意指劳动成果必须体现作者最低限度的智力创造性。成果的创作能够体现作者独特的智力判断与选择（涉及利用天资、知识和能力的技巧，以及进行辨别、选择、比较时涉及的判断），能够完整地表达作者思想感情，展示作者的个性并达到一定创作高度要求。新作品与原作品之间需要存有可以被客观识别的、并非太过细微的差异。所以，临摹中越是精确的复原再现越是无法被称为作品，一字不差速记他人演讲也不是作品。

【知识充能】国际知识产权法中"额头流汗"标准的变化

"额头流汗"是知识产权法律中的一条原则，是指创作者在创作作品时，只是付出了辛勤劳动，即便创造性很低，也可受到著作权法的保护。"额头流汗"就是用于形容作者劳动时勤勉的状态。传统英美法系出于保护个人财产的初衷，通常会采用"额头流汗"的标准，但对于强调作者人格精神的大陆法系则不会，他们要求作品有着较高的独创性。不过，万事万物并非一成不变。1991 年，美国一家

1991年后英美法系早期的
"额头流汗"判断标准被逐步摒弃

电商运营商 Rural 起诉另一家同行 Feist 公司，因为 Feist 复制使用了 Rural 出版的居民电话簿白页部分的用户信息，又在更大范围内发行。尽管美国地区法院和上诉法院都做出了有利于 Rural 的判决，但是最后联邦最高法院认为，电话簿的居民用户信息只是单纯的事实，作品需要足够的独创性，判决 Rural

败诉。以该案为分水岭，英美法系早期的"额头流汗"判断标准被逐步摒弃。

（二）著作权法规定的主要作品类型

著作权法保护的作品本质上是指能以符号化体系进行的外在表达，而符号体系多种多样，例如文字的、音符的、数字的、线条的、色彩的、造型的、形体动作等。与此相应，也就有了不同的作品种类，著作权法规定的作品类型主要包括以下几类。

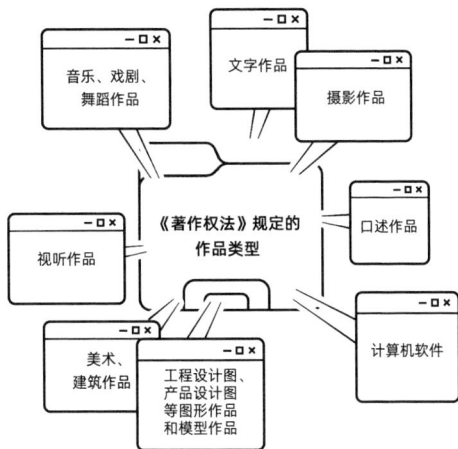

1. 文字作品

文字作品指小说、诗词、散文、论文等以文字形式表现的作品。不过，文字作品不同于文学作品（小说、诗词、散文等），文字作品的内涵要广于文学作品，还包括不具有文学韵味，但充满理性逻辑的论文。此外，文字作品包括以数字和符号表示的作品，例如计算机程序本身是由数字符号构成的代码化语句序列，TRIPS 协定等国际条约都将其作为文字作品进行保护，而我国基于特殊保护的需要将其单列一类计算机软件进行保护。

2. 口述作品

口述作品指即兴的演说、授课、法庭辩论等以口头语言形式表现的作品。口述作品的最大特点是未经任何物质媒介的固定，由他人即兴创作产生。对此要注意"创作口述作品"与"对作品进行表演"的区别。创作口述作品是指从无到有的即兴创作产生了演说、授课、法庭辩论等以口头语言形式表现的作品，而对作品进行表演是指表演者诵读、演唱、演奏已有的作品，是一种传播作品的活动，例如朗诵诗词就是对已有作品的表演。

3. 音乐、戏剧、舞蹈作品

音乐作品是指歌曲、交响乐等能够演唱或者演奏的带词或者不带词的作品，因此音乐作品的本质在于曲谱，仅有歌词无法构成音乐作品。

戏剧作品是指话剧、歌剧、地方戏等供舞台演出的作品，具体包括对话、旁白、音乐、配词等构成的剧本，不是指在舞台上呈现出来的表演。例如，老舍《茶馆》的剧本就属于戏剧作品，如果之后由戏剧班子将其搬上舞台，则属于对戏剧剧本的表演。

舞蹈作品是指通过连续的动作、姿势、表情等表现思想情感的作品。与戏剧作品类似，舞蹈作品就其本质而言不是指演员在舞台上的表演，而是指对舞蹈动作的设计，这种设计可以由文字、图画等形式进行固定，然后由表演者进行表演。

4. 美术、建筑作品

美术作品是指绘画、书法、雕塑等以线条、色彩或者其他方式构成的、有审美意义的、平面或者立体的造型艺术作品。一方面，美术作品包括平面美术作品和立体美术作品，平面美术作品的展示只需要借助物质的两个维度，立体美术作品的展现则需要借助三个维度。另一方面，美术作品的审美意义应当是一种中性的说法，与作品的文艺质量无关（例如美丑评价）。

建筑作品是指以建筑物或构筑物形式表现的有审美意义的作品。值得注意的是，在我国，建筑作品仅指三维的建筑物或构筑物，不包括建筑设计图和建筑模型。我国建筑作品受到保护仅仅是建筑物外观的艺术性设计，不包括实用性的建筑组成要件和建筑材料。其中的"审美意义"也应当是一种中性的说法，与作品的文艺质量无关，比如美丑评价。

5. 摄影作品

摄影作品是指借助器械在感光材料或者其他介质上记录客观物体形象的艺术作品。在现代技术条件下，记录客观物体形象的介质既可以是传统的胶卷和相纸，也可以是计算机软盘、内存等。摄影作品的独创性主要体现在内容和效果上具有个性化选择的空间，体现在拍摄时拍摄角度、光线、明暗等个性化的选择、对拍摄对象的独创性安排、后期制作等三个方面。单纯翻拍他人美术作品或摄影作品是无法构成摄影作品的，仅是对原作品的复制。

6. 视听作品

视听作品是指固定在一定介质上，由一系列有伴音或者无伴音的画面组成，并且借助适当装置放映或者以其他方式传播的作品。对此要注意以下几点：①我国《著作权法》把视听作品分为两大类：第一类是电影作品和电视剧作品；第二类是其他视听作品。司法实践当中短视频、电子游戏、MV 等可能被认定为属于其他视听作品。②视听作品的本质是连续画面，可以有伴音，也可以无伴音，例如以前的无声电影也属于视听作品。③两大法系对视听作品独创性的要求不同，大陆法系的独创性要求较低，只要不是单纯的翻拍都可以构成视听作品，而大陆法系对此要求比较高，必须具有一定的独创性高度，否则由此产生的连续影像构成录像制品受邻接权保护。

7. 工程设计图、产品设计图等图形作品和模型作品

图形作品是指为施工、生产绘制的工程设计图、产品设计图，以及反映地理现象、说明事物原理或者结构的地图、示意图等作品。图形作品之所以受到保护与图纸本身蕴含的技术实用性毫无关系，而是因为图纸由点、线、面和各种几何图形组成，包含着严谨、精确、简洁、和谐与对称的科学之美。

模型作品是指为展示、试验或者观测等用途，根据物体的形状和结构，按照一定比例制成的立体作品。需要注意的是，此处的"按照一定比例"不能理解为精确地按照一定比例对实物进行相同尺寸、放大或缩小制成的"模型"，因为这是对实物的复制品，应当理解为具有一定夸张或差额的比例，这样才

可能具有独创性。

8.计算机软件

计算机软件是指计算机程序及相关文档。计算机程序，是指为了得到某种结果而可以由计算机等具有信息处理能力的装置执行的代码化指令序列，或者可以被自动转换成代码化指令序列的符号化指令序列或者符号化语句序列。同一计算机程序的源程序和目标程序为同一作品。其中的文档，是指用来描述程序的内容、组成、设计、功能规格、开发情况、测试结果及使用方法的文字资料和图表等，如程序设计说明书、流程图、用户手册等。

9.符合作品特征的其他智力成果

《著作权法》还留有"符合作品特征的其他智力成果"这一概念，是一个相对弹性和开放的规定。之所以要对此进行设置，是因为随着科学技术的不断发展，有可能产生新的作品种类，这一弹性规定就为新作品的保护留下了余地。

【知识充能】从"作品类型法定"到"作品类型开放"

在过去的数十年里，我国著作权法制度一直采用"作品类型法定"模式，明确规定了可以受到保护的作品类型，例如文字作品、美术作品、视听作品等。作者创作的内容只有法定的作品类型，或者说符合法定作品类型的必要条件，才能受到保护。对于不同类型的作品，著作权人可以享有的权利可能是不同的。例如，米其林餐厅的大厨的精美摆盘虽然极富艺术观赏性，但

大厨的精美摆盘不属于作品
可拍摄成为作品后被其他
餐厅挪用则视为侵权

不属于著作权法规定的作品类型，因而其他餐厅依样画葫芦不构成侵权。餐厅将摆盘拍照上传至大众点评，如果其他餐厅使用照片则构成侵权，因为照片属于受著作权法保护的摄影作品。

新修改的《著作权法》第三条加入了"（九）符合作品特征的其他智力成果"，变为"作品类型开放"模式，超出现有作品类型规定的创作也可受到保护，将对著作权法制度产生十分深远的影响。可以预见，未来将会有越来越多的创作内容被认定为新类型作品。有人认为这会激励作者进行更多元化的创新，也有人觉得会因为增加了法官的自由裁量权，导致该条款被滥用。音乐喷泉、空中绽放的烟花、无人机群图案、人工智能创作等是否为受到著作权法保护的作品，都将可能成为"作品类型开放"后争议的焦点。

（三）不受著作权法保护的对象

著作权法保护人类创作的智力成果，但人类智力成果多种多样，并非所有人类创作的智力成果都受著作权法保护。著作权法只保护文学、艺术、科学领域内具有独创性的成果，除此之外的智力成果或者不具有法律保护的必要性，或者受到《专利法》《商标法》等其他知识产权法律保护。不受著作权法保护的对象通常而言包括以下几类。

1. 思想

著作权法并不保护抽象的思想、思路、观念、理论、构思、创意、概念，而只是保护以文字、音乐、美术等各种有形的方式对思想的具体表达。例如"节目模式"属于一种创意，仅仅借鉴他人原创的节目模式制作自己的节目属于对思想的利用，不可能构成版权侵权。

2. 实用功能

任何具有实用性质的功能、工艺、系统、操作方法、技术方案等均不受到著作权法的保护。例如某人首创了一种特有的记账方法，这种方法属于实用功能，不受著作权法保护。

3. 事实

事实不受著作权法保护，是因为事实是客观存在的，作者可以发现"事实"，但没办法"创作"事实。正如我国《著作权法》第五条第二款规定："本法不适用于单纯事实消息。"单纯事实消息之所以不受著作权法保护，就是因为其仅是以极为简单朴实的语言进行了事实的描述，说明在何时、何地，因何人，以何种方式，发生了何事。

【司法实践】北京体娱公司诉公众号"河南 **"比赛实况照片侵权案 [①]

2019 年 9 月某日，河南某公司在其运营的微信公众号"河南 **"上转载了另一微信公众号"酷玩实验室"的《蠢货姚明其人》一文，声明"本文章内容转载于网络，版权归原作者所有，如有侵权请告知删除"，文末显示有广告文案。文中有 4 张照片内容为篮球明星姚明在球场上的比赛场景。照片拍摄方北京体娱公司认为"河南 **"未经授权转载照片，侵犯了自己的著作权，于是上诉至法院。庭审期间，被告辩称：①该公众号不具备商业性质，文章浏览量低，主观上无故意、无过错；②涉案摄影作品存在拍摄场地特殊、拍摄门槛高等特定环境且主背景为篮球明星，不能以篮球明星的知名度标榜该作品的知名度，且涉案摄影作品属于时事新闻，具有时效性。因此，本案要点在于诸如比赛一类公共事件的现场实况摄影是否属于不受著作权法保护的时事新闻。

受理本案的法院审理认为："著作权法中'时事新闻'特

[①] 详情参见北京互联网法院民事判决书 (2021) 京 0491 民初 27388 号、北京知识产权法院民事判决书 (2022) 京 73 民终 437 号。

指'单纯事实消息'，即使用最为简单的语言文字对某一新闻事实的基本构成要素进行记录，仅反映客观事实的存在，而涉案摄影作品是具有独创性并能以某种有形形式复制的智力成果，符合作品的构成要件，系受著作权法保护的摄影作品，并非时事新闻。至于被告主观上是否存在侵权故意、是否获得商业利益等情况均不影响其侵权行为性质的认定。" 故最终判决被告侵权成立，需赔偿经济损失。

4. 官方正式文件

指的是法律、法规，国家机关的决议、决定、命令和其他具有立法、行政、司法性质的文件，及其官方正式译文。这些官方文件从表面上来看属于具有独创性的文字作品，但由于它们涉及社会公众和国家利益,国家会尽可能鼓励其传播和分享，因此我国《著作权法》第五条第一款将其认定为不属于著作权法保护的对象。

5. 竞技体育活动

以展示身体的力量和竞技技巧的竞技体育活动，不涉及表现艺术美感和表达思想感情的创作活动，不是著作权法意义上的"作品"，例如广播体操、瑜伽、"程菲跳"、"李小鹏跳"等。

6. 公有领域作品

公有领域作品主要指《红楼梦》《西游记》等早已过了著作权保护期限，进入公有领域的作品。出版社翻版重印经典名著一般不会涉及著作权侵权问题，因为它们已经超过了著作权法规定的保护时限。

7. 历法、通用数表、通用表格和公式

历法、通用数表、通用表格和公式之所以无法受到著作权法保护，一方面是因为这类成果仅是思想的一种或有限的几种表达，此时根据"思想表达混同原则"，无法认定其构成作品，另一方面是因为如果允许对其进行保护，就会造成对思想的垄断；另一方面是因为这类成果绝大多数已经进入公有领域。

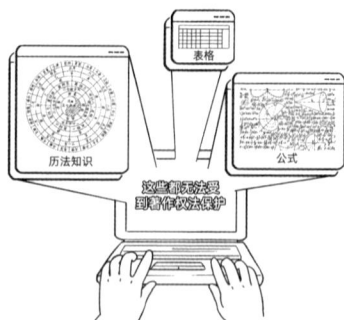

四、著作权法为作者规定的主要权利内容

著作权法为作者规定的主要权利内容即指著作权人享有的各项权利的总和，是著作权法中最为核心的部分。根据我国《著作权法》第十条的规定可以分为17项专有权利，其中人身权利4项，财产性权利13项，最主要的权利包括作为著作权人身权的发表权、署名权、修改权、保护作品完整权，以及作为著

作权财产权的复制权、发行权、表演权、放映权、广播权、信息网络传播权、改编权等。之所以要了解这些权利内容，是因为不同的作品类型、不同的作品使用方式，事实上对应着著作权法中不一样的权利。例如，网站在网页上加载一幅画，对应的是信息网络传播权，因而需要向作者申请这一权利许可，如果作者授予的是复制权、展览权则不能在网上传播。

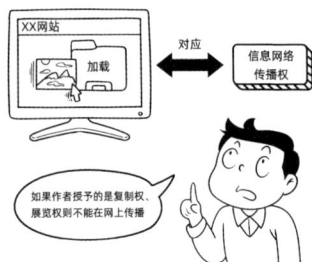

（一）著作人身权

著作人身权在西方国家和《伯尔尼公约》中又被称为精神权利（moral right），是作者就作品中所体现出的人格或精神所享有的权利。作品是作者的人格或精神状态的延伸，或者说作品体现了作者的人格，体现了作者的人格、思想、意识和情感等精神状态。人身权利一般不可剥夺、转让、放弃和继承。在大陆法系国家，人身权利在著作权中居于核心地位，尤其是一些保护水平比较高的大陆法系国家规定了多项人身权利，我国《著作权法》目前规定了四项人身权利。

1. 发表权

发表权是指决定作品是否公之于众的权利，也即作者有权决定是否将其作品公之于众、何时、何地以及以何种方式公之于众的权利。其中，"公之于众"应当是一种事实状态，只要向不特定的人公开，就处于"公之于众"的状态。发表权属于一次性权利，一旦作者自己或委托他人将作品公之于众，这项权利就用尽了，所以二手旧书和光盘买卖并不会侵犯作者的发行权。

2. 署名权

署名权是表明作者身份、在作品上署名的权利，也即有权禁止他人在自己作品上署名或删除自己的署名的权利。署名与冒名存在区别，冒名是假冒他人的姓名发表自己的作品，冒名作品并没有侵犯署名权，但一些国家如英国在本国版权法中规定了"禁止冒名权"。

3. 修改权

修改权是指修改或授权他人修改作品的权利，此处应当将其理解为禁止他人未经许可修改其作品，因为无论是否规定有修改权，作者自己自然可以修改作品。同时此种修改行为不能构成对原作品的歪曲、篡改，也不能产生新作品，否则将导致其与作者其他权利如保护作品完整权和改编权无法进行明确区分。

4. 保护作品完整权

保护作品完整权是指保护作品不受歪曲、篡改的权利。当然，在解释"歪曲、篡改"时，要结合作者的创作意图，考量他人对作品的实质性修改是否改变了作者原本要表达的思想、情感，导致作者声誉受到损害。仅仅是站在作品内容层面提出的批评不是侵犯保护作品完整权。

【司法实践】天下霸唱状告《九层妖塔》制片方著作权侵权案[①]

《九层妖塔》是陆川导演的一部盗墓题材商业电影，于2015年9月30日在国内上映。影片改编自小说《鬼吹灯之精绝古城》，主要讲述探险队成员胡八一和Shirley杨深入昆仑山腹地探险的故事。与小说相比，电影剧本对原故事的设定和情节做了较大幅度的改动。不过，电影的口碑反响似乎不佳，引发了小说原作者天下霸唱的不满。天下霸唱认为，电影毕竟打着"鬼吹灯"招牌，其口碑的失利影响到了自己的声誉以及小说的销量。此外，公映院线版本还未给作者署名，只是给出了作品的名称。

2016年，天下霸唱将电影制片方告上了法庭，认为电影

---

① 详情参见北京市西城区人民法院民事判决书 (2016) 京 0102 民初 83 号、北京知识产权法院民事判决书（2016）京 73 民终 587 号。

《九层妖塔》对《鬼吹灯之精绝古城》存在严重的歪曲、篡改，侵害了作者的保护作品完整权，且电影未给作者署名，侵害了其署名权，要求判赔 100 万元。同年，该案一审宣判，法院认为电影并没有致使小说的社会评价降低，损害作者声誉，因此并未侵犯作者保护作品完整权，只是确认电影侵犯天下霸唱署名权。

对此，天下霸唱表示不服，再次上诉。2018 年，该案二审宣判，法院认为：在获得对原作品改编权的情况下，改编作品所作改动应当符合必要限度，《九层妖塔》的改动是对涉案小说主要人物设定、故事背景等核心表达要素的大幅度改动，对作者在原作品中表达的观点和情感做了本质上的改变，因而构成了对原作品歪曲、篡改，判令被告赔偿原告精神损害抚慰金 5 万元。至此，这场原作者状告改编方侵犯保护作品完整权的案子终于落下了帷幕。

（二）著作财产权

著作财产权，也称著作的经济权利，它是著作人身权的对称，指作者及传播者通过某种形式使用作品，从而依法获得经济报酬的权利。与人身权不同的是，著作财产权一般可以转让、放弃和继承。无论是

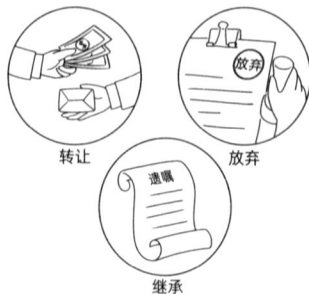

转让

放弃

继承

大陆法系国家还是英美法系国家都十分重视著作财产权，注重对作品的经济性利用。

1. 复制权

复制权指的是以印刷、复印、拓印、录音、录像、翻录、翻拍、数字化等方式将作品制作一份或者多份的权利。构成受复制权所规制的复制行为必须在有形物质载体上再现作品，并且作品必须被稳定地固定在物质载体之上形成复制件。复制行为具体可以分为五类：从平面到平面的复制、从平面到立体的复制、从立体到平面的复制、从立体到立体的复制以及从无载体到有载体的复制。

2. 发行权

发行权以出售或者赠与方式向公众提供作品的原件或者复制件的权利。构成受发行权所规制的发行行为的要件包括：①必须向公众提供作品原件或复制件；②只要有使公众获得的可能即可，不要求公众实际获得了作品复制件；③必须以转移作品有形载体所有权的方式提供。另外，各国著作权法都承认"发行权用尽原则"（或称为"权利穷竭原则"），作品原件及复制件经著作权人许可或根据法律规定发行后，该原件或复制件再次出售或赠与无需经过著作权人的授权。例如，大学生在学期末出售已使用过的教材，不需要向原作者和出版社申请发行权许可。

3. 表演权

表演权，即公开表演作品，以及用各种手段公开播送作品的表演的权利。我国表演权控制两种类型的行为：一是演员向现场公众进行作品表演（现场表演），例如，现场朗诵、演唱歌曲、跳舞、演戏等；二是将对作品的表演向现场公众以各种手段进行播放（机械表演）。机械表演是与现场表演相对的概念，是以录音机、录像机等技术设备将自然人的表演公开传播的权利。生活中最常见的就是广播电台、电视台以及饭店、酒吧、歌厅等场所为了营造氛围或者特殊需要所播放的一些背景音乐。

我国《著作权法》立法者为表演权设定的调整范围，仅限于面向现场受众的现场表演和机械表演，并不包括向表演发生地之外的受众进行传送的行为，网红直播中演唱他人音乐作品在我国无法构成表演权的侵权。

4. 放映权

放映权是通过放映机、幻灯机等技术设备公开再现美术、摄影、视听作品等的权利。生活中主要是在电影院、文化单位放映电影的场景中使用。公开放映行为在许多国家都被定为机械表演的一种，但我国单独设立放映权来控制美术作品、摄影作品和视听作品的行为。

5. 广播权

广播权是以有线或者无线方式公开传播或者转播作品，以及通过扩音器或者其他传送符号、声音、图像的类似工具向公众传播广播的作品的权利。单从法律条文的角度，我国广播权控制两种类型的行为：

（1）以非交互式手段将作品传送至不在现场的公众（以有线或者无线方式公开传播或者转播作品），也被称为"非交互式传播权"，例如无线电广播、有线电缆传播和网络直播；

（2）利用机械装置播放接收到的经初始传播的作品（通过扩音器或者其他传送符号、声音、图像的类似工具向公众传播广播的作品），也被称为"现场传播权"，例如餐厅、宾馆等公共场所用电视机接收电视剧的直播，让现场的顾客欣赏。

6. 信息网络传播权

信息网络传播权指的是以有线或者无线方式向公众提供，使公众可以在其选定的时间和地点获得作品的权利。该权利控制的是交互式网络传播行为，公众可以按照自己需求（自己选定的时间和地点）来获得作品，与前述的非交互式传播行为正好相反。例如，我们在网上点播电视剧、电影、动漫等视频资源一般都是属于信息网络传播权。因此，信息网络传播权是互联网中最通用的著作权利，可以说是为了应对互联网对著作权保护带来的挑战而规定的权利。

【知识充能】专为网络著作权而生的《信息网络传播保护条例》

为保护著作权人、表演者、录音录像制作者的信息网络传播权，鼓励有益于社会主义精神文明、物质文明建设的作品的网络创作和传播，2006 年 5 月 10 日，时任国务院总理温家宝主持召开国务院常务会议，审议并原则通过《信息网络传播权保护条例（草案）》。《信息网络传播权保护条例》自 2006 年

7月1日起施行，共计27条，使网络传播和使用都有法可依。

我国是典型的成文法国家，只有那些经过讨论并正式颁布实施的规则才可以被作为法律引用，这一点对于法律体系的统一性和稳定性十分有益。但是，由于立法速度慢于网络世界的技术发展，我国的网络领域经常会处在一种类似于"法律真空"的状态。有关网络上作品传播涉及的著作权许可与侵权的行为和案子已经不断出现，例如1999年的王蒙等作家诉世纪互联通讯技术有限公司网络侵权案。2000年11月22日，最高人民法院审判委员会第1144次会议通过了《最高人民法院关于审理涉及计算机网络著作权纠纷案件法律若干问题的解释》。2005年4月30日，国家版权局和信息产业部又联合发布了《互联网著作权行政保护办法》，其中明确规定了侵犯信息网络传播权的一系列行为。

《信息网络传播权保护条例》建立在上述司法实践、司法解释以及法律法规的基础上，是一部坚持"拿来主义"的法规。其内容包括合理使用、法定许可、避风港原则、版权管理技术等一系列内容，区分了著作权人、图书馆、网络服务商、读者各自可以享受的权益，形成一个相互依存、相互作用、相互影响的"对立统一"关系，很好地体现了产业发展与权利人利益、公众利益的平衡，为互联网产业加速

发展做好了法律准备。

7. 改编权

改编权，即改编作品，创作出具有独创性的新作品的权利。改编是在原有作品的基础上创作新作品，例如将小说改编为戏剧，将小说改编为漫画，将独奏曲改编为交响乐等。我们生活中常见的大 IP《甄嬛传》《盗墓笔记》《三体》系列作品，通常都是涉及改编权。

此外，著作财产权还包括了出租权、展览权、摄制权、翻译权、汇编权，通常情况下它们与普通人关系较少，此处不做逐一赘述。

五、著作权法中的"另类"权利：邻接权

在著作权法的国度当中存在一个"另类"权利，被称为邻接权。也有学者将著作权分为狭义和广义著作权，狭义著作权保护的是以作品为客体的权利体系，而广义著作权则不仅保护作品，而且把一些独创性程度不如作品，但具有一定保护价值的智力成果纳入其中，这些智力成果建立的权利体系就是邻接权。邻接权在著作权法当中也具有

相当重要的地位,而要理解邻接权我们就必须明晰其基本内涵、由来以及权利内容。

(一)邻接权的内涵与由来

著作权法中的各项权利主要是指原作者对作品享受的权利,基于作品的创作而衍生开去。但是,在现实生活中,我们阅读和使用的往往不是作者最原始创作的作品,例如手稿、曲谱、胶卷底片。小说需要出版社出版,剧本需要演员表演和摄制者录像,歌曲需要歌手演唱和录音,这种对原始作品进行加工的活动是人类的智力劳动,往往包含着独特的创意,自然也应当受到保护。在著作权法中,它们被称为"与著作权有关的权利",一般也叫邻接权(related rights),通常是指作品的传播者在传播作品的过程中付出的创造性劳动和投资所享有的权利。

传统著作权体系对作品创造性要求较高,许多有价值的劳动成果不被承认为作品,例如版式、表演、拍摄、广播等。随着传播技术的日益发展,这些有价值的劳动成果被更加广泛地进行传播,此时如果不对这些有价值的劳动成果进行保护的话,可能会影响这些劳动成果创造者的投资和创造活动的积极性,进而影响作品的传播。

版式

表演

广播

拍摄

因此，许多大陆法系国家在著作权法中单独规定了一类新的权利，即邻接权，其保护客体是那些"独创性"程度不高而无法构成作品的新型文化产品，并且针对这些新型文化产品规定了一系列专有权利。与此相应，与著作权相关的一些原则和制度，例如自动保护、限制与例外、合同转让和许可等，只要没有特殊规定都适用于邻接权。

广义著作权包含了狭义著作权和邻接权，二者既相互关联又互相区别。①邻接权的客体与作品存在一定的关联，它是著作权"派生"的专有权利，具有从属性。例如，唱片公司录制的唱片是对既有音乐作品表演的录制。②邻接权与狭义著作权都规定了一系列名称和内容相同的专有权利。例如，表演者享有的复制权、发行权、信息网络传播权等与作者的权利名称和内容相同。二者的不同之处首先是权利客体差异，狭义著作权的客体是构成"独创性"的作品，而邻接权的客体是不构成"独创性"的作品之外的其他成果；其次，邻接权客体的法律保护水平也相对低于狭义著作权，即邻接权人享有的专有权数量少于狭义著作权人，而且法律保护期限也更短。

（二）邻接权的具体内容

我国《著作权法》规定了四类邻接权，分别是表演者、录音录像制作者、广播组织者和出版者所享有的排他性权利。

1. 表演者权

表演者指的是因表演文学、戏剧、音乐等作品而享有的专有权利，包括人身权（表明表演者身份权、保护表演形象不受歪曲权）和财产权（现场直播权、首次固定权、复制权、发行权、出租权、信息网络传播权）。表演者多数情况是指演员、歌唱家、音乐家、舞蹈家等，但也可以是不构成作品的民间文学艺术表达的表演者。被表演的作品和民间文学艺术表达是否过了著作权保护期，

戏剧演员对进入公有领域的作品《罗密欧与朱丽叶》
进行表演同样受到《著作权法》保护

不影响法律对表演者权的保护。例如，戏剧演员对进入公有领域的作品《罗密欧与朱丽叶》进行表演，同样受到著作权法保护。如果表演者多次进行了表演，无论每次表演的内容是否相同，表演者对每一次表演活动都享有表演者权。

2. 录音录像制作者权

录音录像制作者权指的是录音、录像制品制作者对自己制作的录音、录像制品享有的排他性权利，包括复制权、发行权、

出租权和信息网络传播权。录音制作者特别享有"传播录音制品获酬权"，录像制作者特别享有"许可电视台播放权"，因此，商场、餐厅、游乐园等公共场合播放流行歌曲的录音是应当向录音制作者支付报酬的。不过，需要注意的一点是，录制品并不是指实际的物质载体，而是指物质载体上已录制的声音和连续相关形象、图像，例如光盘上的声音或影像。

【知识充能】"双重许可"与著作权集体管理组织

著作权法既保护作者对作品的专有著作权利，也规定了作品传播者的邻接权，我们看到一部作品时，很可能同时触及了原作者和传播者两者的共同智力劳动。例如，我们听到一首正在播放的流行歌曲，涉及词曲作者、歌手、录音制作者三类与著作权法直接相关的主体，按照激励创作的精神原则，这三类人自然都享有对歌曲播放行为的部分权利，其中词曲作者是著作权，歌手、录音制作中是邻接权。因此，非合理使用的播放流行歌曲需要词曲作者、歌手、录音制作者三方的许可才是完全合法的，即来自作者和传播者的"双重许可"。商业场合公放音乐、电视节目配乐、KTV 放歌曲 MV 实际上都需要这种"双重许可"。

商业场合公放音乐、电视节目配乐、KTV放歌曲MV

需要著作权人和邻接权人的双重许可

但是，一首歌、一段 MV 的许可与出版发行一部书相比，太过于细小、琐碎，因而被称为"小权利"。为了批量化处理这种"小权利"的许可，我们往往会借助著作权集体管理组织的力量。著作权人和邻接权人可以通过特定的著作权集体管理组织，以信托的方式让其代为发放作品使用许可、收取和分配报酬。我国的集体管理组织包括中国音乐著作权协会、中国音像著作权集体管理版协会、中国文字著作权协会、中国摄影著作权协会、中国电影著作权协会。其中，歌曲翻唱、公放音乐的许可由中国音乐著作权协会负责，中国音像著作权集体管理版协会主要管理 KTV 中的 MV 点播。著作权集体管理不仅在《著作权法》中有明文存在，也在 2004 年颁布的《著作权集体管理条例》有相关规定。

3. 广播组织权

广播组织权指的是广播组织就自己播出的节目信号享有的排他性权利，包括转播权、录制权、复制权和信息网络传播权。我国广播组织主要是广播电台和电视台，暂不包括网播组织。广播组织权的客体对象是播放广播、电视节目的信号，而不是广播、电视节目的内容。

4. 出版者版式设计权

出版者版式设计权指的是出版者对其出版的图书、报纸、杂志的版式设计享有专有权利。版式设计是指图书、期刊版面格式的设计，包括字体、横排竖排、行距、格式、页边空格、标点符号、页码等。版式设计构成作品的组成部分，是图书、期刊出版过程中出版者进行编辑、加工、设计的劳动成果。版式设计尽管不构成作品，但也饱含设计者的智力劳动，因此我国《著作权法》对这一劳动成果也进行保护。例如，甲出版社出版了《三国演义》之后，乙出版社不得以相同的版式出版《三国演义》。

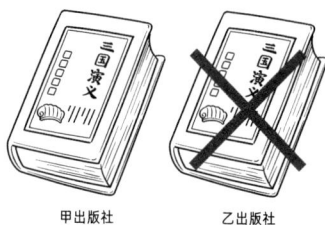

六、著作权的限制与例外

著作权是一种专有权利，也是一种垄断性权利，任何人未经许可实施了受专有权利控制的行为都构成著作权侵权，但著作权又不是一种绝对和无限的权利。如果任由著作权人不加限制地是行使垄断权利，必然会妨碍社会公众对于相关作品的正当使用，甚至会妨碍体现在作品中的信息的传播。因此，各国著作权法都毫无例外地规定，著作权的行使应予以适当限制，以求平衡作品的创作者和社会公众之间的利益。我国《著作权法》的限制与例外的模式相对接近于大陆法系国家，具体包括合理使用与法定许可两种类型。

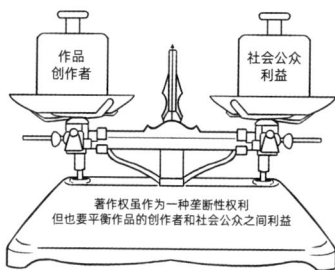

（一）合理使用的情形

合理使用是指他人依据法律的有关规定而使用享有著作权的作品，无需经过著作权人的许可，也无需向其支付报酬。具体明确规定的合理使用情形有 13 种。

1. 为个人学习、研究或者欣赏，使用他人已经发表的作品。例如，我们可以基于个人欣赏的目的下载或欣赏电影和音乐，也可以基于个人学习、研究的目的去复印一整本教材或图书。

2. 为介绍、评论某一作品或者说明某一问题，在作品中适当引用他人已经发表的作品。因此，在满足介绍、评论的目的情况下，即便是豆瓣上的影评、论文中的书评中出现了原片、原文段落，如果长度适当，一般不构成著作权侵权。

3. 为报道新闻，在报纸、期刊、广播电台、电视台等媒体中不可避免地再现或者引用已经发表的作品。与上一种情况相似，为了陈述事实需要而发生的引用，法律是允许的。例如，各大门户网站要制作并播出某演唱会的新闻，就需要对现场情况有选择地加以录制、剪辑和播出，其中不可避免地会将歌手演唱的实况片段纳入新闻报道。

4. 报纸、期刊、广播电台、电视台等媒体刊登或者播放其他报纸、期刊、广播电台、电视台等媒体已经发表的关于政治、经济、宗教问题的时事性文章，但著作权人声明不许刊登、播放的除外。

5. 报纸、期刊、广播电台、电视台等媒体刊登或者播放在公众集会上发表的讲话，但作者声明不许刊登、播放的除外。

6. 为学校课堂教学或者科学研究，翻译、改编、汇编、播放或者少量复制已经发表的作品，供教学或者科研人员使用，但不得出版发行。不过需要注意的是，本条合理使用的对象是教学或科研人员，不包括学生，所以教师复印某书中片段分发给班级中的每一位学生是不符合这种合理使用的。

7. 国家机关为执行公务在合理范围内使用已经发表的作品。本条限定的主体是国家机关，包括立法、行政、审判、法律监督、军事等机关部门。

8. 图书馆、档案馆、纪念馆、博物馆、美术馆、文化馆等为陈列或者保存版本的需要，复制本馆收藏的作品。

9. 免费表演已经发表的作品，该表演未向公众收取费用，也未向表演者支付报酬且不以营利为目的。此项合理使用是有严格条件限制的：既不能向公众收取费用，也不能向表演者支付报酬且不以营利为目的。这里的"费用"和"报酬"，包括以任何名义收取或支付的、与欣赏或表演作品有关的直接或间接的费用和报酬，例如向公众收取的餐饮费、会员费等。

10. 对设置或者陈列在公共场所的艺术作品进行临摹、绘画、摄影、录像。

11. 将中国公民、法人或者非法人组织已经发表的以国家通用语言文字创作的作品翻译成少数民族语言文字作品在国内出版发行。

12. 以阅读障碍者能够感知的无障碍方式向其提供已经发表的作品。

13. 法律、行政法规规定的其他情形。

【产业前沿】全国人民代表大会常务委员会批准加入《马拉喀什条约》

每年全世界都有数以百万计的图书出版，而其中仅有不足 10% 的图书能够为世界上 2.85 亿盲人和视力障碍者所获得，而他们中的 90% 又属于发展中国家的低收入阶层。2013 年 6 月 27 日，世界知识产权组织（WIPO）成员国通过了《关于为盲人、视力障碍者或其他印刷品阅读障碍者获得已出版作品提供便利的马拉喀什条约》（以下简称《马拉喀什条约》），以解决这一通常被称为全球书荒的问题。《马拉喀什条约》要求缔约方在本国的著作权法律中提供一项例外，允许将作品的复制件制作成无障碍格式提供给印刷品阅读障碍者，同时可跨境交换。

2021 年 10 月 23 日，全国人民代表大会常务委员会批准加入《马拉喀什条约》。目前，世界上已经有 80 余个国家和地区加入该条约。《马拉喀什条约》的通过，会更加有利于维护和保

《马拉喀什条约》维护保障了印刷品阅读障碍者的文化权益

障我国广大阅读障碍者的文化权益，让他们能够平等地欣赏作品、接受教育，提升生活幸福感，也为我国向海外阅读障碍者提供中文无障碍格式创造了条件。

合理使用并不意味着随意使用、泛滥使用，如果只是套用法律中的数十条情形，完全不受节制，很可能反过来损害了著

作权人的合法利益，也就违背了著作权法制订的初衷。因此，有关合理使用的著作权纠纷往往需要具体问题具体分析，充分结合使用场景，国际上惯用的方法是"三步检验法"：①合理使用只能在某些特殊情况下使用；②合理使用不得与作品的正常利用相冲突；③不得损害著作权人的合法权益。无论哪国的著作权法都需要在公共利益与私人利益之间寻找平衡。

【知识充能】合理使用与"三步检验法"

尽管著作权法规定了合理使用的情形，但现实总是变化多样的，不可能完全一一对应。为此，根据《伯尔尼公约》、TRIPS 协定等相关的国际条约，合理使用应当符合三个法定要件，也被称为"三步检验法"：专有权做出的任何限制或例外规定仅限于某些特殊情况，且与作品的正常利用不相冲突，也不得无理损害权利持有人的合法权益。我国《著作权法》第二十四条合理使用规定将"三步检验法"纳入其中，明确规定"应当指明作者姓名或者名称、作品名称，并且不得影响该作品的正常使用，也不得不合理地损害著作权人的合法权益"。

我们用"三步检验法"来分析以下情形：某人在网络上免费提供并传播某平台上需要 VIP 点播的国外电视剧资源，片中字幕写明"本片仅供学习交流使用，切勿非法传播"，请问是否属于"为个人学习、

研究或者欣赏，使用他人已经发表的作品"的合理使用情形呢？答案显然是否定的，因为这种做法不符合"三步检验法"中不可损害作品正常使用、著作权人合法权益的要求，如果人们都通过他分享的资源看电视剧，那么合法购买版权的平台就无法盈利，影响了该作品正常的商业使用。

那么我们再来看下一种情形：某主播在直播平台上朗读一本已出版的图书，但未开放打赏功能。这能否属于"免费表演已经发表的作品，该表演未向公众收取费用，也未向表演者支付报酬且不以营利为目的"呢？答案也是否定的。直播平台与主播签订工作合同，主播直播获取流量，再将显眼位置卖给广告商，整个商业模式是营利性质的，我们不能仅凭一项孤立行为判断是否营利。

（二）法定许可的范围

法定许可是指我国《著作权法》专门规定了四种情形，可以无须经过著作权人许可使用作品，但是应向著作权人支付报酬，指明作者姓名、作品名称，并不得侵犯著作权人依法享有的其他权利。因此，法定许可也称为"非自愿许可"，以与作为"自愿许可"的使用相区别。他人向作者支付的报酬标准通常由法律法规、行业惯例等确定，往往会低于市场价。

1. 报刊转载法定许可

根据《著作权法》第三十五条第二款规定："作品刊登后，除著作权人声明不得转载、摘编的外，其他报刊可以转载或者作为文摘、资料刊登，但应当按照规定向著作权人支付报酬。"本项法定许可只适用于报刊之间的相互转载，并不适用于书籍之间、书籍与报刊之间、网络与报刊以及网络与网络之间的相互转载。

【产业前沿】网络转载要求授权与付费是原创内容的春天吗？

由于早年的《著作权法》并未对网络媒体转载传统媒体内容的情形做出明确的规定，网络媒体自身定位模糊，所以在过去很长一段时间里，网络媒体转载传统媒体单位已发表的时事新闻和深度报道，仅仅只是注明了转载来源，通常是不给予报酬的。这就造成了一个很大的问题，内容是传统媒体的记者和专栏作者写的，流量却被网络媒体赚去，进一步加深了传统媒体的转型危机，也不利于整个版权市场的环境规范。

其中影响最大的事件发生于 2014 年 6 月，《广州日报》、《长沙晚报》、搜狐公司等多家媒体共同指责国内某互联网新闻资讯平台聚合内容吸引用户，但未经许可，也未支付报酬，直到国家版权局认定该平台构成著作权侵权，后者才开始与各家媒体洽谈作品版权采购事宜。

于是在 2015 年 4 月 22 日，中国国家版权局发布了《关于规范网络转载版权秩序的通知》（国版办发〔2015〕3 号），其中明确写道，"互联网媒体转载他人作品，应当遵守著作权法律法规的相关规定，必须经过著作权人许可并支付报酬，并应当指明作者姓名、作品名称及作品来源"，以及"报刊单位与互联网媒体、互联网媒体之间相互转载已经发表的作品……

应当经过著作权人许可并支付报酬"。

有人认为"授权＋付费"将是互联网原创内容的春天，但也有人觉得理想很美好、现实很骨感，配套的实际操作规定并没有跟上。面对数量众多的互联网媒体，究竟是由政府管理部门监督，还是传统媒体自己发现起诉，合理的收费标准是多少，处罚的力度又是多少，能否得到受众的认同，这些问题全都悬而未决。只能说，规范网络转载开了一个正确方向的先头，建立和完善传统媒体与网络媒体、网络媒体之间的内容转载授权渠道和价格体系，依然任重道远。

2. 制作录音制品法定许可

根据《著作权法》第四十二条第二款规定："录音制作者使用他人已经合法录制为录音制品的音乐作品制作录音制品，可以不经著作权人许可，但应当按照规定支付报酬；著作权人声明不许使用的不得使用。"但是，直接翻录他人制作的录音制品，或在翻录的基础上以技术手

段进行加工和编辑，不属于该法定许可。另外，该法定许可只允许使用音乐作品本身，他人必须自行聘用乐队，与表演者签约，并将表演者的演唱录制下来制成录音制品。

3. 广播电台电视台播放法定许可

《著作权法》第四十六条第二款规定："广播电台、电视台播放他人已发表的作品，可以不经著作权人许可，但应当按照规定支付报酬。"例如，广播电台朗诵诗歌栏目朗读他人的诗歌，可以不经过作者许可，但需要向其支付报酬。如果广播电台要播放他人的录音制品，也可以不经许可，但应当向音乐作品作者和录音制作者支付报酬。

4. 教科书法定许可

《著作权法》第二十五条第一款规定："为实施义务教育和国家教育规划而编写出版教科书，可以不经著作权人许可，在教科书中汇编已经发表的作品片段或者短小的文字作品、音乐作品或者单幅的美术作品、摄影作品、图形作品，但应当按照规定向著作

权人支付报酬，指明作者姓名或者名称、作品名称，并且不得侵犯著作权人依照本法享有的其他权利。"该项法定许可仅限于义务教育而编写的教科书，而不是所有的教科书或教辅材料，例如大学本科教材就不在其中。

七、著作权的侵权与法律救济

上述权利内容，一旦未经相关权利人许可，或是超出了法律规定的范畴，就会构成侵权，此时往往会涉及司法裁量和法律救济，也就是我们常说的侵权之后的惩罚后果与补偿。

（一）直接侵权与间接侵权

侵犯著作权的行为可以分为直接侵权和间接侵权。直接侵权是指当事人未经许可对作品行使了著作权法明确规定权利的行为，例如复制行为之于复制权、发行行为之于发行权、改编行为之于改编权。

著作权侵权的认定与民事侵权需要考量行为人的主观过错不同，著作权直接侵权的认定与主观过错无关，但行为人的主观过错会影响侵权损害赔偿数额或救济方法。例如，《著作权法》第五十九条规定："复制品的出版者、制作者不能证明其出版、制作有合法授权的，复制品的发行者或者视听作品、计算机软件、录音录像制品的复制品的出租者不能证明其发行、出租的复制品有合法来源的，应当承担法律责任（此处法律责任指的是赔偿责任）。"

间接侵权是指行为人没有直接实施受著作权法规定的使用作品行为，但该行为与他人直接侵权行为之间存在特定的关系，并且行为人具有主观过错，从而也可以构成侵权。间接侵权主要包括帮助侵权和教唆、引诱侵权两大类。《民法典》第一千一百六十九条规定："教唆、帮助他人实施侵权行为的，应当与行为人承担连带责任。"一般来说，构成间接侵权要满足以下几点条件：①直接侵权行为发生；②主观过错；③教唆、帮助与直接侵权行为存在相当的因果关系。目前，间接侵权在网络服务提供商的点对点（P2P）存储与传播服务中较为常见。

【知识充能】网络间接侵权中的避风港与红旗规则

避风港原则最早来自美国1998年制定的《数字千年版权法案》，是指在网络著作权侵权案件发生时，网络服务提供商只是提供了信息数据的存储空间，不参与内容的创作与修改，如果它被著作权人告知，则负有删除侵权相关内容（目录、索引、超文本链接等）的义务；如果没有被著作权人告知，则不承担侵权责任。

所以，避风港原则实质上是"通知＋移除"的规定。我国《信息网络传播权保护条例》分别针对提供网络自动接入或传输服务提供者、提供网络自动存储服务提供者、提供信息存储空间出租服务提供者、搜索引擎服务提供者等在什么条件下可以免责做出了规定。避风港原则较多地被应用在搜索引擎、网络存储、在线图书馆等领域。

红旗原则是"避风港"原则的例外适用。所谓红旗原则是说如果侵犯信息网络传播权的事实是显而易见的，如同红旗一样飘扬，网络服务商就不能装作看不见，或以不知道侵权的理由来推脱责任。在这种情况下，即便著作权人不发出通知，网络服务商也需要承担间接侵权的责任。"红旗原则"最早出自1998年美国版权法修正案中，《信息网络传播权保护条例》也借鉴了这个原则，其目的是不让避风港原则成为网络服务商随意逃避注意与审查义务的万用理由。因此，网络著作权侵权案件往往需要具体案件具体分析，而不能一概而论。

【司法实践】广州佳华影业股份有限公司状告某视频网站侵权案①

---

① 详情参见广东省广州市越秀区人民法院民事判决书（2016）粤 0104 民初 10093 号。

2016 年，广州佳华影业股份有限公司拥有著作权的电影《破坏者》(Sabotage)、《史前大章鱼》(Octopus 1) 和《终极斗士 2》(Undisputed 2) 被人上传到了某视频网站，供其他用户免费观看。为此，佳华文化将该视频网站告上法院。不过，在视频网站首次收到侵权通知后，就已经撤下了视频资源，因而网站试图通过避风港原则为自己辩解。

但是审理此案的法院认为，被告作为国内知名的视频网站，对于行业规则必然非常了解。被告开放服务器空间，并开辟了动画、音乐、电影、电视剧等专区，允许网络用户任意上传电影作品到其网站上供其他用户在线播放，其行为本质是属于有意制造一个危险的状态，即吸引、帮助用户集中上传侵权影视剧到被告网站再供网友观看，因此，在被告对服务器空间完全开放供用户上传分享的经营模式下，明知网络个人用户上传的影片通常不具有合法授权，便应当负有较高注意审查义务，应当对网友上传的资源加以严格审核甚至不予通过的方式制止侵权行为的发生。而被告从日常的经营模式和本案提交的证据中，无法体现其已尽到相应的注意义务，其实质就是在明知且应知可能侵权的情况下仍提供存储服务的帮助行为，故无法适用避风港原则予以免责。

法院最终判决被告视频网站败诉，须承担赔偿损失的民事责任。此后，该视频网站也着手加强了对上传内容的审查与管理，出台了多项版权保护措施，类似侵权现象已经有了一定的改观。

（二）侵犯著作权的法律责任

侵犯著作权的人依法应当承担法律责任，一般情况下侵权人主要承担民事责任，但如果侵权行为同时损害了公共利益，还可能承担行政责任，而严重损害公共利益的行为还可能导致刑事责任。

1. 民事责任

针对已发生的著作权侵权行为，法院对侵权者施加的民事责任应达到三个基本目标：①使侵权者停止侵权行为，防止损害后果的进一步扩大；②使著作权人所蒙受的损失获得充分补偿；③防止侵权者今后继续从事侵权行为。具体而言，民事责任的承担方式主要包括：停止侵害、消除影响、赔礼道歉、赔偿损失。我国绝大多数著作权纠纷案件的判决结果都止于侵权人承担民事责任。

在具体的赔偿损失方面，我国《著作权法》第五十四条吸取各国立法经验，规定了三种计算赔偿

数额的方式。

（1）按照权利人的实际损失计算。在实践中，可根据侵权作品的发行量、销售量、许可费计算。例如，发行盗版图书按照单价乘积计算，广告中未经许可擅自使用摄影、美术作品可综合考虑作品知名度、经营规模、制作费等因素。

（2）按照侵权人的违法所得计算。这种方式常见于难以计算实际损失的情形。例如，在自己经营的网站上传未经授权的作品，点击量事实上很难按量计算损失，可以参考侵权人借此获得的广告费、会员费等总利润判断。

（3）适用法定赔偿金。《著作权法》第五十四条规定："权利人的实际损失、侵权人的违法所得、权利使用费难以计算的，由人民法院根据侵权行为的情节，判决给予五百元以上五百万元以下的赔偿。"

2. 行政处罚

为进一步规范我国著作权侵权行为，我国《著作权法》规定了著作权侵权的行政责任，也即对于部分著作权侵权行为，如果侵权人的特定侵权行为损害了公共利益，那么对于侵权者而言，其不仅要承担民事责任，还可能要承担行政责任，由著作权行政管理部

门予以行政处罚，警告，没收违法所得，没收、无害化销毁处理侵权复制品以及主要用于制作侵权复制品的材料、工具、设备等；违法经营额五万元以上的，可以并处违法经营额一倍以上五倍以下的罚款；没有违法经营额、违法经营额难以计算或者不足五万元的，可以并处二十五万元以下的罚款。这主要体现在《著作权法》第五十三条所规定的八类行为：

①未经著作权人许可，复制、发行、表演、放映、广播、汇编、通过信息网络向公众传播其作品的，本法另有规定的除外；②出版他人享有专有出版权的图书的；③未经表演者许可，复制、发行录有其表演的录音录像制品，或者通过信息网络向公众传播其表演的，本法另有规定的除外；④未经录音录像制作者许可，复制、发行、通过信息网络向公众传播其制作的录音录像制品的，本法另有规定的除外；⑤未经许可，播放、复制或者通过信息网络向公众传播广播的、电视的，本法另有规定的除外；⑥未经著作权人或者与著作权有关的权利人许可，故意避开或者破坏技术措施的，故意制造、进口或者向他人提供主要用于避开、破坏技术措施的装置或者部件的，或者故意为他人避开或者破坏技术措施提供技术服务的，法律、行政法规另有规定的除外；⑦未经著作权人或者与著作权有关的权利人许可，故意删除或者改变作品、版式设计、表演、录音录像制品或者广播、电视上的权利管理信息的，知道或者应当知道作品、版式设计、表演、录音录像制品或者广播、电视上的权利管理信息未经许可被删除或者改变，仍然向公众提供的，法律、行政法规另有规定的除外；⑧制作、出售假冒他人署名的作品的。

3. 刑事责任

对于非常严重的著作权侵权行为，例如大量制造和贩卖盗版书籍或光碟，不仅会给权利人带来非常惨重的经济损失，而且还会扰乱市场经营秩序和竞争秩序，助长藐视著作权的不良心理，导致对社会公共利益的严重损害，因此包括我国在内的许多国家还要求其承担一定的刑事责任。主要体现在《刑法》第二百一十七条规定的侵犯著作权罪以及第二百一十八条规定的销售侵权复制品罪。判决刑事责任的案件通常社会影响较大，一般是由检察院提起上诉。

《刑法》第二百一十七条规定：以营利为目的，有下列侵犯著作权或者与著作权有关的权利的情形之一，违法所得数额较大或者有其他严重情节的，处三年以下有期徒刑，并处或者单处罚金；违法所得数额巨大或者有其他特别严重情节的，处三年以上十年以下有期徒刑，并处罚金：①未经著作权人许可，复制发行、通过信息网络向公众传播其文字作品、音乐、美术、视听作品、计算机软件及法律、行政法规规定的其他作品的；②出版他人享有专有出版权的图书的；③未经录音录像制作者许可，复制发行、通过信息网络向公众传播其制作的录音录像的；④未经表演者许可，复制发行录有其表演的录音录像制品，或者通过信息网

络向公众传播其表演的；⑤制作、出售假冒他人署名的美术作品的；⑥未经著作权人或者与著作权有关的权利人许可，故意避开或者破坏权利人为其作品、录音录像制品等采取的保护著作权或者与著作权有关的权利的技术措施的。

《刑法》第二百一十八条规定：以营利为目的，销售明知是本法第二百一十七条规定的侵权复制品，违法所得数额巨大或者有其他严重情节的，处五年以下有期徒刑，并处或者单处罚金。值得注意的是，《刑事司法解释》将"通过信息网络向公众传播他人文字作品、音乐、电影、电视、录像作品、计算机软件及其他作品的行为"视为《刑法》第二百一十七条规定的"复制发行"。

【司法实践】移动社区分享 App 非法传播影视资源，涉案 27 人获刑

2015 年，王某在上海创立了一家网络科技有限公司，并推出经营一款针对 95 后、00 后的移动社区分享 App。该 App 主要分为"社区"和"宅物"两块。"社区"内容包括番剧、趣图、鬼畜、漫画、cos、古风等；"宅物"主要是用户对自己二次元物品的图文分享。王某等人依靠网络社交媒体，让此 App 在短时间内积累了大量用户，也由此收到了多轮融资。

近年来，随着我国对侵犯知识产权犯罪打击力度的加大，各大影视平台、社区平台纷纷对影视资源开展清理。但是，王某为了扩大盈利，不仅没有及时清理社区中的盗版内容，甚至于 2019 年在 App 上增设剧集板块，公开传播大量侵权的影视剧资源。通过非法传播国内外影视剧资源的引流效果，App 的日活跃用户数量相当可观，公司得到了高额广告费、会员费。经后来的司法审计，通过该 App 非法传播的侵权影视剧集达到 1.4 万余集。

上海市静安区人民检察院经审查认为，推出经营 App 的网络科技公司以单位名义实施犯罪，违法所得归单位所有，构成单位犯罪，应当追究刑事责任，于 2021 年以侵犯著作权罪对该公司及王某等 28 人提起公诉。上海市普陀区人民法院做出一审判决，以侵犯著作权罪判处网络科技公司罚金人民币 130 万元，判处王某有期徒刑三年缓刑四年，并处罚金人民币 24 万元，其余 26 人被判处有期徒刑三年缓刑三年，并处罚金人民币 30 万元，到有期徒刑九个月缓刑一年，并处罚金人民币 2000 元不等的刑罚，另有 1 人将择日宣判。

第二章

互联网时代著作权保护面临的挑战

　　我国《著作权法》首次颁布于 1991 年，十年未满，一场将对著作权制度产生深刻冲击的数字化革命的浪潮已经在悄然酝酿之中。尽管自 1994 年开始，中国就已经接入了国际互联网，随后阿里、网易、搜狐、腾讯、百度等如今首屈一指的互联网大公司纷纷成立，不过那时候的网络空间仍然属于少数人，远未进入寻常百姓家。

　　1997 年，中国互联网络信息中心（CNNIC）第一次发布了《中国互联网发展统计报告》，结果显示，全国上网的计算机总数为 29.9 万台，上网用户有 62 万人，已经注册的域名共计 4000 多个。其中八成网民是 20 ～ 35 岁的年轻人，以大学生和都市白领群体为主，当时他们抱怨最多的是上网收费太贵、

网上速度太慢。网络文艺活动的自娱自乐特征较为明显，因此，连那时候的网络文学都带着清新脱俗的气质，第一代的《悟空传》《告别薇安》《成都，今夜请将我遗忘》《活得像个人样》《迷失在网络中的爱情》等作品完全不像后来商业化的玄幻、盗墓、宫斗、职场等小说，甚至自我标榜为纯文学作品。

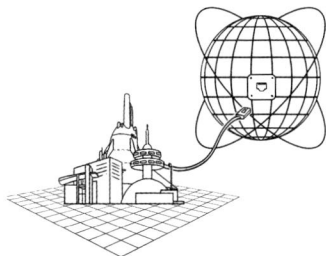

2001 年年底，中国正式加入世界贸易组织，经济开始飞速增长。经济上的"中国奇迹"是互联网普及的物质基础，三大网络运营商的网络硬件设施很快在全中国的大地上铺开，个人计算机也变成普通家庭可购置的电器。博客论坛、网络游戏、电商平台等新兴的互联网应用产物纷至沓来。第 21 次《中国互联网络发展状况统计报告》显示，截至 2008 年年底，我国共计拥有网民用户 2.53 亿人，互联网在我国的普及率达到 19.1%，

我国网民数量达到了 2.53 亿人
跃居世界第一位（截至 2008 年年底）

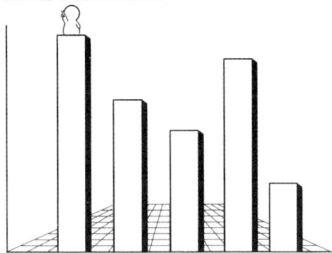

《中国互联网络发展状况统计报告》（第 21 次）

首次超越美国成为世界第一。

在 2014 年发布的《中国互联网络发展状况统计报告》（第 34 次）中情况又发生了变化，中国网民规模有 6.32 亿人，互联网普及率 46.9%（截至 2014 年 6 月底），手机作为网民上网设备的使用率已经超过了个人电脑，支付宝、手机微博、今日头条、抖音、微信等移动应用的类型和内容作品使用方式变得越来越丰富多元。再到最近一期的第 49 次报告（截至 2021 年 12 月底），我国网民规模达 10.32 亿人，互联网普及率为 71.6%。目前为止，我国已经形成了全球规模最大、应用渗透最强的数字社会，所谓"8.88 亿人看短视频、6.38 亿人看直播"，短视频、直播又在塑造我们全新的生活方式。

我国网民规模达 10.32 亿+
（截至 2021 年 12 月底）

2021 年 6 月 1 日，在国家版权局主办的 2021 中国网络版权保护与发展大会上，国家版权局网络版权产业研究基地发布的《2020 年中国网络版权产业发展报告》指出：2020 年，中国网络版权产业通过坚持科技创新、激活文化消费、赋能复产复工、助力脱贫攻坚，使其市场规模达到 11847.3 亿元，相比前一年增长 23.6%，突破 1 万亿大关。其中，网络新媒体、网络游戏占比超过整个网络版权产业的 60%。此外，短视频市场有所增长而长视频市场略有下降；受益于技术进步，虚拟现实相关应用产业的比重翻了一倍。中国网络版权产业结构持续调整，可视化趋势明显，短视频、直播、网络新闻媒体占比大幅提升。国内已经形成了非常完整的产业链，包括内容产生者和内容提供商（平台方），销售渠道和平台，硬件终端生产商、软件终端开发商和数字发行商，以及版权服务（比如登记）等。

互联网技术在改变人们生产、生活方式的同时，其去中心化的特征对传统的著作权制度形成了挑战。传统的著作权制度从作品创作到文化类商品的最终消费拥有一条专业的中心化线性流程，互联网却是人人平等的去中心化空间，获取和使用作

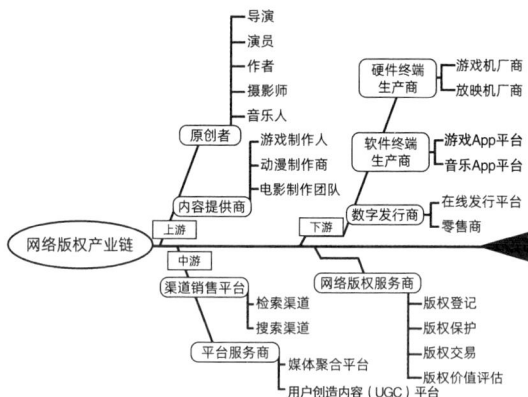

品的渠道和授权变多了，侵权行
为也更加频繁、复杂，譬如视频
和图片的翻转、旋转、裁剪、噪声、
变速和帧率变换，文字的交换、
混淆、删除、替换等。有专业统
计数据显示，2017—2020 年间，
著作权相关侵权纠纷案件分别为
102588 件、152710 件、216008

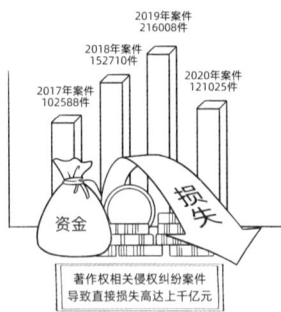

2019年案件
216008件

2018年案件
152710件

2020年案件
121025件

2017年案件
102588件

资金　损失

著作权相关侵权纠纷案件
导致直接损失高达上千亿元

件和 121025 件，连续增长的数量相当惊人。每年盗版给中国创
意产业造成的直接损失高达上千亿元，不仅造成著作权人和相
关企业利润损失，更削弱了我国文创产业发展后劲，一步一步
侵蚀优秀原创者的生存空间。因此，互联网时代下如何保护著
作权便成为一个迫在眉睫的问题。

一、互联网重开放，著作权偏垄断

互联网设计的初衷是平等表达、开放免费、个性合作、社
交互动，互联网上作品创作、生产、传播和交易突显出不确定、
分散化、非专业的去中心化理念，与传统的著作权制度有很多
矛盾冲突之处。

(一)平等表达

在互联网诞生的早期，各国政府都尚未建立完善健全的网
络管理制度，任何一台计算机只要支持 TCP/IP 协议就可以连

接到互联网上，个人在各种网站和论坛注册均为匿名。一台计算机与另一台一样，没有谁比谁更好，只取决于你通过键盘表现出来的内容，人们一键发布、畅所欲言。因此，平民草根的朴素创作在互联网上大行其道。最早的网络文学作者，例如安妮宝贝、邢育森、李寻欢、今何在等，大都是工作之余在网上"信笔由缰"。更多人虽然只留下了简单的一段文字、一张手绘、一条录音等，但却极大丰富了数字作品的总量和类型。随着美图秀秀、爱剪辑、抖音、唱吧等傻瓜式应用软件大量进入市场，除了文字以外，精修照片、短视频、原创中长视频等专业作品的规模也飞速增长。所以，在互联网上，人人都是作者，人人的作品都值得尊重。

（二）开放免费

互联网是一片原生态的空间，这里原本空无一物，最早出现的内容要么是网民把线下的作品搬运到网上，要么完全是平民草根的原创，没有买家和卖家之分，也没有复杂的商业模式和产业链，大家抱着平等分享的精神相互交流、互换资源、探索外界。另一方面，网上信息传播只是文件的复制和发送，一人持有就可以无限分发，自己亦不会失去原始文件，当然也就没有人愿意为"凭空再造"的东西付费。在起点中文网的付费阅读模式普及以前，再长再火的网络小说基本都是免费的。电影资源的相互传递更不用说，电驴、比特下载已是时代的眼泪。时至今日，这种消费习惯还在延续，绝大多数互联网信息和服务是免费的，而免费又促使网络服务供应商调整经营策略，逐渐建立起"即使免费依然盈利"的商业帝国，例如互联网广告、VIP 包月、粉丝直销等。

（三）个性合作

互联网是全新的虚拟空间，无论现实世界中的你是谁，在互联网上都可以按照自己的喜好塑造出别样的形象，个性表达是网民的普遍夙愿。个性表达的最直接体现即是个性创作，通过文字、图片、视频、音乐作品展现个人特点和才华。但是信息的流动从来都是双向的，事实上也没有人的个性创作是完全独立的，我们无时无刻不在接受他人发来的信息，在此基础上再创作。互联网强调资源的共享，更强调合作双赢。个性与合作并不矛盾，因为个性的背后往往是合作。聪明的商家总是能够提供相应的服务来满足网民的个性化需求，比如社交软件的个性装饰、创作模板等。许多知名的网络博主，他们出彩的段子，以及视频中众多灵感和素材，其实来源于网民每日发布的内容。因此，互联网上作品欣欣向荣的面貌是所有网民个性融合的结果。

（四）社交互动

互联网平等表达与双向信息传递的优势造就了网络社交媒体的繁荣。研究机构凯度（Kantar）发布的《中国社交媒体影响报告》表明，社交媒体在网民中的使用比率逐年上升，目前已接近50%，越是在大城市中，人们对社交媒体的依赖性越大。社交媒体的一种类型是Facebook、Twitter、微博、微信等以即时聊天为本业的软件，另一种类型是YouTube、抖音、B站、豆瓣等自带聊天功能的垂直型平台。两种类型的社交媒体都有向不同领域的延伸，许多社交媒体同时具备通讯、购物、娱乐、创作等功能。社交媒体的发达使得点对点的社群传播成为与点对面的大众传播旗鼓相当的信息传播方式，作品创作、生产、传播和交易过程可能完全发生在社交媒体上。由于社交媒体具有私密性，社群关系网络中侵犯著作权的情形也就更为隐蔽、复杂。从社交媒体中诞生的网红的一些行为也往往会涉及著作权相关的问题。

从著作权制度的发展历史来看，为了追求更高的使用效

率，作品的创作过程、成品制作过程、销售发行渠道的总体方向是确定性、大规模、专业化。作家写完书稿交由出版社经过专业的"三审三校"后，送到印刷厂大规模印刷，才进入全国的图书流通发行网络，最后读者们在书店看到一本本印着作者、编辑、美工、经销商等名字的精美书籍。

电影更是接近于集体创作，由导演、摄像、演员、编剧等共同完成。按照著作权法的规定，电影作品著作权归制片人所有，但是其他参与人员可获得署名权和报酬。在音乐行业中，词作者、曲作者、歌手、唱片录制者、专辑发行公司等形成了一条完整的产业链。这样做的好处，首先是保证作品成为商品后的质量，因为全程都是专业人士参与；而且创意的输入与利润的输出结构清晰，创作与生产的过程在有限的范围内完成，符合大众传播由点到面的要求。一旦发生著作权侵权事件，立马就可以找到究竟是哪个环节出了问题。因此，著作权制度在具体的行业中反映出中心化的趋势。

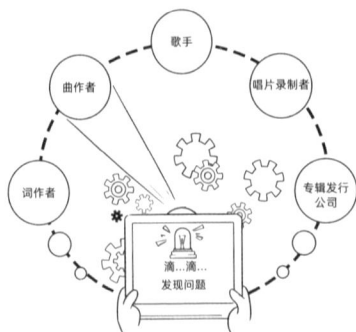

互联网的去中心化与著作权制度的中心化存在矛盾冲突，作者从数量有限的专业创作者扩展成每一个网民，作品从一人或是团队独创可能化为网民共创，作品的形态从单一的图书、电影、音乐专辑变成网文段子、短视频、有声书、网络翻唱，传播渠道从商店购买实物衍生出平台会员、社群分享等路数。如此一来，作品的原作者、制作者、发行方难以知晓和控制作品会以何种方法被使用和传播，著作权制度最为核心的两点精神——对作者精神人格和收取获益权利的保护也就无从谈起。

具体而言，互联网对著作权保护的挑战主要包括作品的署名与冒用、私人复制与商业盗版、内容抄袭、新型作品使用方式的权利归属、互联网作品收入分配、网上侵权的维权措施等问题。

二、网络署名不详，冒用他人作品

我国《著作权法》明确规定，"发表权，即决定作品是否公之于众的权利""署名权，即表明作者身份，在作品上署名的权利"，属于著作权中的人身权。对于很多作者来说，作品就像他们自己的孩子一样珍贵，作品创作与生产过程中的每一位参与者，同样也会爱惜自己的劳动成果。线下实体的图书、唱片、光碟等由于存在严格的市场准入制度，一般都会有版权

信息页用以注明原作者、制作
方、发行方等。署名权和发表
权往往又与作者的知名度关
联，所以即便是商业盗版者通
常也不会特意修改作品的这部
分内容。网络空间中各式各样
的作品却完全不是如此，由于
网民是通过 IP 地址接入网络，注册的账号在网站前台也是匿名，
所以作品的发布者不一定是原作者，或者原作者打从一开始就
是匿名发布，于是作品网络署名不详便成为一个问题。

　　网络署名不详的一种常见的情况是，作品经过多人的转发、
转载，后来的人已经全然不知道原作者是谁。例如，大家在社
交媒体上常用的姚明、张学友、金馆长系列恶搞头像，已经没
有人知道最初是谁 PS 出来的。微博上发布图片后自带发布者名
字的水印就是为此而生，但是反复重叠的水印也严重影响阅读
体验，才会有很多人在原博下"求原图"。另一种情况是，网
民冲浪时看到了精彩的图文、听到
了好听的翻唱，却因为残章断片缺
少原作者信息，无法溯源寻找完整
的原作品。

　　相比网络署名不详，更令人
深恶痛绝的是冒名顶替他人作品的
行为。既然网络署名不详，别有用
心的人便会趁机署上自己的名字，

冒充作品的原作者，占有作品的成果收益。社交媒体上的盗图现象屡见不鲜，明明是别人精心编辑的文字、拍摄的照片或是短视频，去掉水印后假装是自己原创，甚至还要加上自己的水印签名，博取关注度。冒名顶替他人作品，也会出现在一些大制作的电视剧、电影、游戏中。然而，由于法律申诉过程较复杂，一些原作者只是选择向平台投诉，平台核实后会勒令侵权者删除内容或是直接封禁账号。侵权代价过低在一定程度上加剧了此种不良行为，使其屡禁不止。

【产业前沿】电视剧《扫黑风暴》片头侵权事件

2021 年电视剧《扫黑风暴》响应国家"扫黑除恶"的方针政策，在网络平台上热播。但与此同时，却也曝出该片的片头侵犯他人著作权的新闻。一位来自安徽的摄影师在网上爆料，《扫黑风暴》片头里有 8 秒的画面使用的是自己 2020 年拍摄的作品《老屋的延时》，他本人毫不知情，于是委托律师欲向法院提起民事诉讼。一部大制作电视剧竟然会受到侵权质疑，这在社交媒体上引发了关注。

经调查发现，《扫黑风暴》的片头是剧组委托第三方影视公司北京正通亿和文化交流有限公司制作，接到摄影师的律师函后，他们立即向北京正通亿和反映情况。正通亿和则发布声明称，他们使用的素材是从成都伦索科技有限公司运营的 VJshi 网站合法购买，得知事件后已经在第一时间与 VJshi 网站经营者取得联系，要求对方调查涉嫌侵权素材的权利来源和授权合法性。最后，VJshi 网自查后公开道歉，表示是其网站的某匿名供稿人提供了非原创作品，违反了 VJshi 网协议规定，该公司随即对其账号进行封禁，并终止合作，VJshi 网愿意承担相应的法律责任。

因此，绕了一大圈，这起著作权侵权事件的原因依然是网络署名不详，作品被人冒名顶替，网站缺少手段去核实用户上传和存储的作品是否为他们本人创作的。

网上正在传播的各类作品数以千计，网络署名不详的作品被人发现冒名顶替的毕竟只是少数，更多的原作者事实上只是悄无声息的受害者。

三、随意复制粘贴，正版无人问津

《著作权法》规定了著作权人对作品专有的复制权，"即以印刷、复印、拓印、录音、录像、翻录、翻拍、数字化等方式将作品制作一份或者多份的权利"。这也就是说，日常生活中所见到的图书、报刊、唱片、影碟等文化类商品，涉及的均是复制权的使用，作为传统著作权制度中原作者、制作者、发行者获取收益的主要来源。不过，这种专有复制权建立在商业使用者对大规模生产资料的垄断独占之上，包括影院、剧场、演员、刻录机、摄影机等。

以图书出版为例，消费者没有印刷机、印刷工人、工场，几乎不可能大规模翻印图书，也就不会对出版商的经济利益造成威胁。盗版书商需要自备印刷、翻录设备和商品原材料，再加上一个可以加工制作的窝点，成本较高。当然，个人少量复印图书、复刻光碟、改编小说、放映影片等虽然可构成了侵犯复制权，但很少会对文化类商品市场产生实质性的经济损害，所以原作者和商家也就睁一只眼闭一只眼。

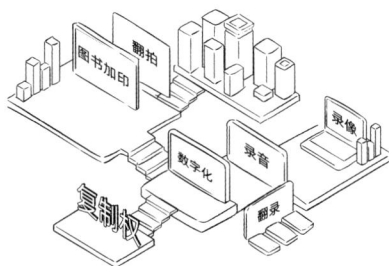

互联网的平等表达、开放免费、社交互动特性完全打破了传统著作权制度中复制权的门槛。过去，印刷、翻录设备和商品原材料对于个人是十分昂贵的，而现在，信息传输的速度越来越快，存储器材从软盘进化到 U 盘、移动硬盘，绝大多数人都可以购置个人电脑、手机等电子设备，这些电子设备功能强大，可支持傻瓜式地署名、修改、复制、传输数字副本。于是，商业使用者对大规模生产资料的垄断独占不复存在，他们不仅要面对盗版商的威胁，更要迎接普通网民肆意复制、传播作品的挑战。尤其是发达的网络社交媒体极大地刺激了盗版复制作品在网民内部的互动分享，可谓是无处不

在、无孔不入。

《出版人》杂志曾披露一则盗版复制案件，一名图书馆工作人员通过微信群聊，一年无偿散播 5000 多本盗版电子书，接受者至少超过 2000 人，而他需要做的只是一键复制、上传分享。此外，网盘存储、拆分传输、图像加密、文件转码、隐蔽链接等技术的进步，也使得盗版复制行为越来越难以被版权方觉察。

盗版复制泛滥成灾的结果是正版作品无人问津，应属于原作者、制作者、发行者的正当收益被褫夺。经济学认为，商品的价格受到供求关系的影响，传统图书、唱片和影碟有限的数量是其保值的原因之一。但在计算机上，由于复制副本只需要一键复制、一键粘贴，零成本且无限量。无限多的数字副本会直接导致一种文化类商品的价格无限低，最终趋向于免费。这种情况反映到消费者身上便是免费心理，人人只想要免费的午餐，没人愿意为正版作品付费。盗版网站的收费往往比正版低得多，甚至于直接免费，形成了体系化、规模化的利益链条。B 站是很多人熟知的观看动漫番剧的大本营，但与之齐名的嘀哩嘀哩（dilidili）网站却是国内动漫圈知

名的免费盗版动漫网站。网络文学行业中臭名昭著的盗版网站是"笔趣阁"和"菠萝小说网"。单是网络文学一项，一年因盗版造成的损失就高达56.4亿元。网民纷纷涌向盗版的结果是正版资源网站的利益受到重创，著作权制度激励创作的意图便无从谈起。

【司法实践】"人人影视字幕组"被查，红极一时，终落帷幕

2021年1月6日，上海警方成功侦破"9.8"特大跨省侵犯影视作品著作权案，抓获以梁某为首的犯罪嫌疑人14名，查处涉案公司3家，涉案金额1600余万元。犯罪嫌疑人就是很多人熟知的"人人影视字幕组"。

警方发布的调查简报称，犯罪嫌疑人梁某等人先后成立多家公司，在境内外分散架设、租用服务器，开发、运行、维护"人人影视字幕组"App及相关网站。在未经著作权人授权的情况下，通过境外盗版论坛网站下载获取片源，再雇人翻译、压片后向公众传播，以会员费、广告费、出售刻录作品的移动硬盘等手段非法牟利，涉及影视作品20000余部，注册会员数量800余万。

"人人影视字幕组"过去的确是很多人免费观看国外影视资源的渠道，陪伴大批网民度过了漫长的时光，但从著作权保护的角度，它的结局是一早注定的。"人人影视字幕组"非法"搬运"美剧资源，不仅侵犯了美剧版权方的权益，也破坏了国内视频网站市场的秩序。2014 年，人人影视已经被美国电影协会列入盗版下载网站"黑名单"。随着民众著作权意识的增强，以及国家对外开放交流程度的加深，保护著作权势在必行，"人人影视字幕组"只是众多打击盗版案例中的典型。

不过，"人人影视字幕组"的倒下并不会使著作权保护一劳永逸，如何有效制约甚至根除网络肆意复制行为也是很多人关心的问题。

盗版复制问题对作者和执法者都是巨大的挑战。为了贯彻实施《国家知识产权战略纲要》，打击猖獗的网络侵权盗版，净化网络版权环境，自 2005 年起，国家版权局联合网信办、工信部、公安部等部门每年都会开展"剑网行动"。虽然大量规模较大的盗版网站在行动中被查出关停，但是仍然还有许多中小网站逍遥法外，滋生在盗版阅读软件、搜索引擎、小程序中，并且不断生长蔓延。2021 年 6 月 1 日，国家版权局发布了《2020 年中国网络版权保护报告》，其结果显示，仅 2020 年，全国共有 323.94 万条盗版链接被删除清理，2884 个盗版网站或 App 被关闭，警方侦办查处的盗版相关案件共计 724 件。即便如此，我国各地方级的人民法院接受审理的侵权诉讼还在持续增加。因此，治理网络盗版之路依然任重道远。

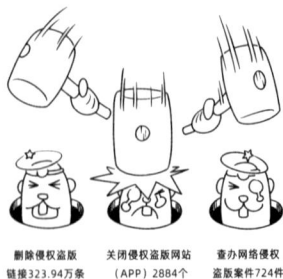

删除侵权盗版
链接323.94万条

关闭侵权盗版网站
（APP）2884个

查办网络侵权
盗版案件724件

四、恶意篡改内容，剽窃他人成果

《著作权法》规定了著作权人享有对作品的修改权，"即修改或者授权他人修改作品的权利"，保护作品完整权，"即保护作品不受歪曲、篡改的权利"，以及改编权，"即改变作品，创作出具有独创性的新作品的权利"。作品内容创作的著作权影响力的主要表现为对原作品的改编，例如小说、漫画改编成电影。《指环王》《哈利·波特》《复仇者联盟》《西游记》《红楼梦》等知名作品几乎都涉及对原作品的改编。

除了作品复制所代表的传播问题，互联网也冲击了作者对作品内容创作的唯一独占性。过去，创作壁垒本身是传统著作权保护体系中重要的一环。电影、电视剧是专业程度较高的作品形式，需要从演员、编剧、导演到后期制作，再到发行渠道完整的生产链条。小说、照片虽然相对容易创作，但是想要公之于众同样离不开报刊社、出版社等媒体。这些创作壁垒保证了参与著作权授权许可的人员数量有限。普通人即便再喜欢某一部作品，他也不能直接利用作品，也

就不可能发生对作品的歪曲、篡改和改编。针对为数不多的同
人作品，美国学者亨利·詹金斯称 20 世纪的粉丝们是"躲在版
权方的阴影里"创作了它们。

　　计算机的普及大大降低了普通人进行专业化创作的门槛。
微软推出的一系列 Office 办公软件可以说完全改变了以文字编
辑为主的工作环境，此后各式各样视频剪辑软件、图片 PS 软
件、音频加工软件等也被设计得越来越易于操作，普通人创作
作品不再是难事，促使用户创造内容（UGC）变成了网络内容
生产的常态模式①。网民只需要简单的注册登录，就能够在文
学网站、论坛、社交媒体、素材网站等网络节点上创作和发布
作品。一些原创内容发布者由此可以聚集大量的粉丝，在此基
础上又出现了全新的网红经济模式（MCN）②，例如 B 站上的
"LexBurner""敖厂长""暴走漫画"，抖音上的"陈翔六点
半""毒角show""辣目洋子"，网易云音乐上的"隔壁老樊""花

---

① UGC 是英文 User Generated Content 的缩写，意为用户创造内容。在
　web1.0 时代，网民上网通常只能被动浏览网站页面上的内容，但进入
　web2.0 时代后，网站、客户端应用、移动 APP 等都允许网民主动发出
　内容，包括文字、音乐、视频、图片等信息形式。于是，普通网民发
　布成为互联网内容的重要来源，同时网民之间的交流也是不可或缺的
　上网需求。用户创造内容作为一种内容生产来源，在互联网公司的运
　营下演化为不同的可盈利商业模式，其代表性的产品与服务有微博、
　微信、抖音、起点中文网、哔哩哔哩视频站、百度贴吧、知乎等。
② MCN 是英文 Multi-Channel Network 的缩写，意为多频道网络，起源
　于国外视频平台 YouTube，原是指内容创作者和 YouTube 之间的中介。
　传入中国后，面对现实中蓬勃发展的互联网产业，MCN 变成了网红经
　济的代名词。在 UGC 模式下，一大批能力出众的内容原创用户脱颖而
　出成为网红，而专门为网红们提供包装、营销、推广、变现等业务协
　助的平台或公司即是 MCN 平台或 MCN 公司。知识网络品牌罗辑思维
　与旗下网红 papi 酱就是此种 MCN 模式关系。

粥""一只榴莲"等。

如此一来，创作门槛过低，挪用他人创意和内容的行为开始多了起来。一种情形是网络上的粉丝同人创作，他们一般将成名作品内容中的情节、片段、人物重新组织编排，成为同人小说、解说视频、

自制影片等，通常只是自娱自乐的"为爱发电"，在晋江文学城、B站、抖音上有许多这样的同人作品。其中一些作品由于涉及经济利益，就容易与原作品著作权人的改编权发生抵触。例如，网络作者江南借用金庸武侠小说中的乔峰、郭靖、令狐冲等人物名字创作了《此间的少年》，并出版成书发行，被金庸起诉到了法院，法院最终判决江南败诉。著名的网络小说《盗墓笔记》，一开始也是发布在《鬼吹灯》贴吧的同人创作，后来随着小说的人气渐高，作者南派三叔就脱离了《鬼吹灯》的剧情网络而发展成独立的故事。另一种情形则是恶意篡改内容、剽窃他人的行为，也就是我们常说的抄袭。抄袭者直接将他人的创意挪作己用，又加以修改掩饰，仿佛是本人的原创。

【司法实践】金庸诉网络同人小说作者侵权案件 ①

金庸是著名的武侠小说作家，他的《射雕英雄传》《神雕侠侣》《天龙八部》《笑傲江湖》《倚天屠龙记》等深受读者喜爱。2000 年后，某网络小说作者借用金庸武侠小说中的人物名字，例如乔峰、郭靖、令狐冲等为自己的人物命名，写成了一部校园爱情主题网络连载小说。小说讲述的是金庸武侠小说的人物在汴京大学发生的校园爱情故事，发表即受到很多网友喜爱，后来也正式出版成书。

由于存在这种人物名字相同的关系，2015 年，金庸将该网络小说作者告上了法庭，认为其未经许可大量使用原作品的独创性元素，侵犯了改编权、署名权、保护作品完整权。网络小说作者则认为，自己本是金庸武侠小说的忠实粉丝，借用人物名字写新小说的初衷也是因为喜爱，因而小说只是同人作品，自己是同人作者。此案件一时间闹得沸沸扬扬，人人关注。2018 年，法院对案件进行了宣判，审理认为使用他人作品的人物名字构筑完全不相同的故事内容，不构成侵犯著作权，但网络小说作者利用了金庸作品中武侠人物的知名度，已获得了较

---

① 详情参见广东省广州市天河区人民法院民事判决书（2016）粤 0106 民初 12068 号。

多的盈利，尤其是小说图书出版时书名副标题是"射雕英雄的大学生涯"，指向性明显，与文化产业诚实信用的商业道德背离，构成不正当竞争，判决网络小说作者败诉并赔偿损失。

作品元素使用只是互联网时代草根网民创作行为中的一种，新作品与旧作品的层层叠加事实上也是网络文化高流动交互性的反映，"你中有我、我中有你"愈发普遍。如何分辨一部作品创意来源的归属，从而明确著作权的边界，在当前变得越来越棘手。

网络文学是网络抄袭的重灾区。曾经大火的《后宫·甄嬛传》被另一位作者匪我思存指摘抄袭了她的《冷月如霜》，安意如的《人生若只如初见》《思无邪》被指有38处抄袭江湖夜雨的图书和网文，唐七的《三生三世十里桃花》被指抄袭大风刮过的《桃花债》，拥有"抄袭之冠"之名的《庶女有毒》抄了其他200多部网络文学作品，还有《花千骨》《11处特工皇妃》《孤芳不自赏》《人生若如初相见》等均存在此种指摘。杭州师范大学的夏烈教授认为，"互联网本身开放了所有创作的结构，即读者参与了作者的写作，读者也可以转瞬成为新的作者。

同类型的前列文本直接启发、刺激、建构了后来的创作，成为一个天然的带有'同人'倾向的借鉴和模仿的传统"。

目前处于风口浪尖的剧情解说短视频也存在挪用他人创

意和内容的侵权风险。新闻、论文和推送文章的"洗稿"也层出不穷。《人民日报》对此发表评论称，"经过改头换面、东拼西凑的各种伪原创充斥网络空间，看似丰富多彩，实则同质化泛滥，叙事重复、观点雷同，造成严重的信息污染。在各种媒介平台重复推送的，不少是碎片式的重组，让人不胜其烦"①。

【产业前沿】剧情解说类短视频的著作权侵权风险

电视剧和电影的剧情解说短视频已经是视频网站与社交平台上一种常见的作品类型，其中较为出名的发布者有谷阿莫、木鱼水星、刘哔电影等。这类短视频通常是将电视剧和电影的关键情节片段剪辑拼接，配上剧情梗概解说，口号为"X分钟看完XXX"。2021年4月9日，优酷爱奇艺腾讯和各大影视公司发布联合声明，表示对目前网络上出现的影视作品内容未经授权进行剪辑、切条、搬运、传播等行为进行维权。同月24日，王一博、杨幂、杨洋、赵丽颖等500多位明星联合倡议，超过70家影视传媒单位发声，发起了关于限制短视频参与版权内容的联合倡议书。两份声明前后脚放出，一时激起千层浪。

从著作权的角度来看，剧情解说类短视频主要包括电视剧和电影的原画剪辑、情节梗概的复述和短视频发布者的思想评价三个部分，各自的著作权侵权风险不一。镜头画面的著作权显然归属于作品的制片人，情节也凝聚着全剧组的智力劳动，短视频剪辑、搬运原作镜头画面无疑是侵权的。情节梗概描述

---

① 王志锋. 人民日报人民时评：向"洗稿式原创"说不 [N]. 人民日报，2017-06-16：05.

的定性相对模糊，笼统描述相当于剧透，不构成著作权侵权，但是如果过多细节也完全一致，很可能因"实质性相似"构成侵权。思想评价属于发布者自己的原创，此种情况下使用原作画面和情节梗概是《著作权法》中的合理使用。不过，短视频发布者用以吸引粉丝的素材原料均是他人的创意和内容，如果观众的注意力都被短视频发布者攫取，制片人、投资人、发行商却不能从中获利，即便不完全符合《著作权法》规定，也很可能构成侵犯著作权或是不正当竞争。

因此，若要规避侵权风险，除了相关平台加大上传作品的审查力度，短视频的发布者应当更多地加入精准、犀利的独到观点，减少复述情节的成分，使短视频更具原创性。

五、新兴事物频出，权利界定困难

著作权是法律专门赋予公民的排他权利，符合法律标准的作品才会受到保护，在《著作权法》中的表达是"文学、艺术和科学领域内具有独创性并能以一定形式表现的智力成果"。在此基础上，著作权人所能对作品行使的权利只能是法律中规定的权利类型。我国《著作权法》规定了 13 种著作财产权，包括复制权、发行权、表演权、放映权、广播权、信息网络传播权、改编权等。这些权利并非立法者随意制定的结果，一种权利事实上对应着一种作品的使用方式。例如，发行权是指将作品制作成文化类商品在市场上流通发售，对应的是图书、报刊、专辑行业，放映权是指用放映设备公开放映美术、摄影、视听作品，主要对应线下电影院放映电影。如果使用作品的方式未落入这几种权利范围，那么也就不会受到《著作权法》的约束。相较于我国，美国《版权法》只规定了复制权、改编权、发行权、表演权、展览权 5 种著作财产权，但是每种权利的范围也更宽泛。

互联网改变了人类生产、生活的方方面面，新生的事物频频出现，其中的许多不仅冲击了传统著作权制度的创作与传播，甚至超出了著作权法立法者们的预期，对权利的界定变得非常困难。网络上的一些创意和内容显然蕴含了创作者的心血和智慧，但是如果被认作是作品受到法律保护，则会与公共利益冲突，例如电子游戏的玩法模式、已有作品中的单体元素、网络小说的情节套路等。诸如人工智能作品的另一些艺术产物，能否赋予其著作权引起了很大的争议。此外，许多通过互联网渠道发布与使用作品的方式，一时间无法落入著作权法规定的任一权利范围，也就无法界定其受到保护或是构成侵权，例如网络直播、网络转播一开始找不到合适的权

利去约束。新兴事物的权利界定是著作权法相关议题中最为专业艰深的部分，对立法者和学者的挑战最大。

【产业前沿】人工智能作品是否拥有著作权的争议

随着科学技术的发展，创作作品的可能不一定是人类，高级的人工智能也具备创作作品的能力，例如美联社的人工智能新闻写作、谷歌公司的人工智能绘画、微软人工智能"小冰"创作诗歌、人工智能 RNN 续写《冰与火之歌》等不断映入我们的眼帘。但是，这些内容能否被赋予著作权却各国、各家莫衷一是。

大陆法系和英美法系的不同著作权精神导致其对人工智能作品的认定是不同的。大陆法系国家认为作品是作者精神的反映和人格的延续，著作权法中的"智力成果"一词专门是指人类的智力成果，既然人工智能不是人类，自然就不能有著作权。另外，以华东政法大学王迁教授为代表的学者则认为，"执行既定流程和方法，并通过计算获得确定的结果，与体现个性化的智力创作存在根本区别"，人工智能作品不符合"独创性"要求。英美法系国家视著作权为财产权，强调著作权制度经济激励功能，支持人工智能作品拥有著作权的人站在这一立场，他们认为人工智能创作是十分前沿的科技创新与实践，如果不能以著作权保护投资者、设计者、使用者的合法权益，

是在阻碍社会的进步。

事实上，二者都有其合理性，不过目前更多的国家未赋予人工智能作品以著作权，而是采用诸如《反不正当竞争法》《专利法》等手段保护人工智能开发者的权益。科技一直在进步，结论并不是一成不变的，或许某天人工智能进化到科幻小说中的高等水平，那时它们的创作可能会被视为与人类创作等同。

【司法实践】网络直播、网络转播行为在著作权体系中的归属变迁

网络直播、网络转播是我们生活中十分常见的行为。但是很多人并不知道，在我国《著作权法》最新修改之前，这两种行为方式无法落入《著作权法》规定的几大著作权利，处于法律空白地带。

在我国过去的著作权法体系中，作品的公开传播主要涉及表演权、展览权、放映权、广播权、信息网络传播权。表演权、展览权、放映权的条件是线下。广播权控制的是无线传播（"以无线方式公开广播或者传播作品"）、无线信号的有线或无线转播（"以有线传播或者转播的方式向公众传播广播的作品"）。信息网络传播权须是交互性传播（"使公众可以在其选定的时间和地点获得作品"）。网络直播、网络转播同时具备线上、有线、非交互特征，因而不属于以上任

何一种权利。当时就出现了有直播平台未经许可定时播放爱奇艺的《盗墓笔记》电视剧的情况，爱奇艺的诉讼状提出涉事直播平台侵犯了其信息网络传播权，法院审理认为既不是广播权，也不是信息网络传播权，只能借助《著作权法》里的"应当由著作权人享有的其他权利"进行兜底。

直到 2020 年，《著作权法》第三次修改后，广播权变为"以有线或者无线方式公开播放或者转播作品"，也就是线上的非交互式作品传播行为都可以归入广播权。至此，作品线上传播的权利体系才得以完整，网络直播、网络转播行为可以明确属于广播权的范围。

【产业前沿】动作捕捉技术内容涉及的著作权相关权利

动作捕捉（Motion Capture）也称动态捕捉，是一种记录并处理人和其他物体动作的技术，应用于军事、娱乐、体育、医疗应用、计算机视觉、人工智能等领域。在电影、动画、电子游戏制作中，动作捕捉技术可记录人类演员的动作并将其数字化，或是用数字化的动作信息或 2D、3D 计算机动画中的数字角色模型制作动画。20 世纪 90 年代中期，日本游戏制作人铃木裕正带领世嘉 AM2 工作室开发格斗游戏《VR 战士 2》，为了使游戏中角色的动作更加的逼真，他向美国军方购买了动作捕捉技术的设备，由此促成了动作捕捉技术的首次民用化。动作捕捉技术让虚拟人物的动作也能产生行云流水之感。此后，许多影视和游戏都运用了动作捕捉技术，塑造了大量经典的荧幕形象，例如《猩球崛起》中的凯撒、《指环王》中的咕噜。

随之而来的问题是，动作捕捉技术采集并在影视和游戏中呈现的内容（动作、姿势和表情）是否属于受到著作权法保护的作品呢？这种表演是否能够让演员获得邻接权呢？

第一，动作捕捉内容是否构成作品的标准依然是独创性。如果动作捕捉内容只是在尽可能还原人的真实动作、姿势和表情，例如游戏角色出现简单反复的行走、奔跑、跳跃、攻击、回避等动作，包含较少的智力创造性，那么动作捕捉技术只是在"复现"而不是"原创"，无法构成作品的独创性。但是，如果演员的表演十分出彩、富有特色，包括非典型的动作、夸张的面部表情、一连串的动作衔接等，就可能达到作品原创性的要求，也就是我们说的不是在复现某个基本动作，而是真正在艺术表演。

第二，动作捕捉内容与影视、游戏的整体呈现效果往往是不能分离的，动作捕捉技术只是叠加在表演之上的呈现方式。我国《著作权法》规定："视听作品中的电影作品、电视剧作品的著作权由制作者享有，但编剧、导演、摄影、作词、作曲等作者享有署名权，并有权按照与制作者签订的合同获得报酬。"尽管该条并未直接规定表演者的邻接权，但结合著作权对于邻接权和狭义著作权的保护力度差异，表演者难以对自己出演的电影类视听作品享有人身权之外的著作财产权。这一原则也适用于电子游戏中动作捕捉的表演者。

对新型权利的定性并不是要阻止人们使用作品，恰恰相反，其目的仍然在于获得著作权人私享权利与公共利益之间的平衡。

例如，现今的人工智能水平或许还无法企及许多法学者们眼中的"个性化自主创作"，但法律和政策应当鼓励这种探索，给予投资和研发者合理的保护。再如，网络直播已经成为人们获取信息的方式之一，并且随着抖音等视频社交软件的应用，非专业性的个人直播也相当普遍，对直播所涉及著作权的限制应当与时俱进。互联网时代新的生活方式徐徐推进，我们既要贯彻著作权法最根本的精神，保护著作权人的智力成果，也需要顺势而变，让更多人得以感受和领略这些作品。马克思主义认为，法律的本质终究是人民群众集体意志的反映，这就要求我们在面对新兴事物和新型权利之时，不能一概而论，也不能照本宣科，坚持具体问题具体分析。

六、流量效益难估，作者收入不明

我国《著作权法》规定，"为保护文学、艺术和科学作品作者的著作权，以及与著作权有关的权益，鼓励有益于社会主义精神文明、物质文明建设的作品的创作和传播，促进社会主义文化和科学事业的发展与繁荣"。正如英美法系国家将著作权视为可增值的财产权，著作权制度激励文化创造的功能主要通过给予原作者、制作者、发行商报酬实现。长期以来，大众传播遵循线性传播的规律，所以文化类商品的买卖也形成了一条线性的供应链，按照"原作者—制作者—发行商—消费者"的方向依次发生作品物质载体的钱货交易，对应的是《著作权法》中的发行权。对应表演权、放映权、展览权的文艺演

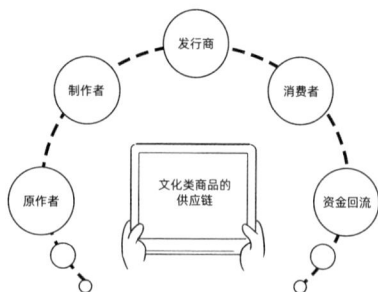

出、院线电影、展览等作品使用行为，最终也要以票证出售回流资金。中心化的线性产业链的优势在于参与者的专业性较高，程序相对清晰规范，但缺点是受众面有限，中间环节繁复，作品的利用效率低。

互联网的特征是去中心化，不仅中间商被大型网络平台取代，消费者直接触及作品，大量平民草根创作者的出现更是使得文化传播呈现出非线性的网状、交互形态。一方面，公众的著作权保护意识不足，冒名顶替、盗版复制、内容抄袭、新权难定等问题的出现本身造成了著作权人合法权益的流失；另一方面，互联网文化娱乐产业中的主导因素是大型网络平台，例如起点中文网、爱奇艺、腾讯食品、B站、当当网、中国知网等，它们的经营战略多是VIP会员模式，消费者一次支付会员费后，可以自选时间和地点进行无限次数的整个资源库作品的观阅，对应的是著作权法中的信息网络传播权。信息网络传播权与发行权、表演权、放映权、展览权的区别在于，前者一般根据授权许可的时间长度计费，后者则通常是按照使用频次（件／场）。还有一种经营战略是版权衍生开发模式，将一部

作品授权开发成多种媒体形式的产品，从线上小说、电影、电视剧、漫画延伸到线下纸书、玩具、公园、展览、服饰等。但无论哪种，作者都无法保证自己从作品传播中获得百分百的收益。

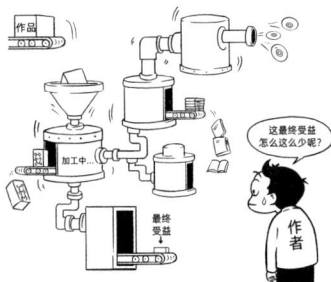

互联网的核心资源是信息流动的中心节点，因而控制着用户流量的大型网络平台往往拥有更强的议价权，作者的价值在交叉补贴的商业模式很容易被忽视。所谓交叉补贴模式，即盈利的商品甲补贴亏损的商品乙，付费的商品补贴免费的商品。在大型网络平台上，比较典型的交叉补贴是互联网广告，一旦上面发布的作品吸引了足够多的关注度，平台便可将显眼的位置高价出售给广告商。其他的交叉补贴方式包括个性化增值服务、社交服务、电子商务、专业和资讯订阅等。

总之，一旦平台借助作品获得了用户流量，便可以多种途径变现。但是，作品流量的相关数据显然掌握在平台手中，作者并不清楚作品吸引了多少流量及其所带来的经济收益，无法言之凿凿地跟平台讨价还价，在议价中处于弱势地位。抖音、豆瓣、B站、微博等允许用户自行上传远程内容的平台，虽然未向用户收取服务费，但也没有向作者支付任何报酬，海量的原创短视频、影评、文章源源不断地为其聚拢流量，最终转换为高昂的广告费和增值业务。

【产业前沿】文学网站经营集团新合同引发的风波

2020 年 4 月 27 日，国内某大型文学网站经营集团发布了其与作者的新合同，有爆料人称集团要求"乙方无条件将所有版权交给阅文，且甲方运营版权无需乙方同意，且不予分配收益""和第三方发生版权纠纷时，乙方必须全力协助甲方。所产生的相关费用乙方承担""甲方将乙方作品免费发布视为对作品的推广手段，而不是侵权。乙方必须认可""甲方有权运营乙方所有社交账号""乙方签约时，必须向甲方提供大纲、预期完本字数以及完本时间""甲方拥有乙方完本一年内发布的作品，以及一年后发布第一部作品优先权"。很快，指责网站经营集团新合同是霸王条款的话题登上微博热搜，更有网络小说作者自觉发起了"五五断更节"抵制新合约。

该大型文学网站经营集团与旗下网络小说作者群体有关新合同的争议焦点主要

在于"著作财产权""社交账号运营权""收入分成模式"等，本质上是流量收益难估的问题。对于网站经营集团而言，作品免费意味着更多的流量，流量才是其战略的核心资源。作者们担心的是，如果作品全部免费按流量统计，收益计算不透明，他们很有可能无法公平公正地得到本应属于自己的收入。因此，完全免费阅读是否可行，也成为网络文学行业内的热点话题。

2020 年 6 月 3 日，网站经营集团重新发布了修改后的新合同的内容，包括以条款的方式明确了阅读免费或是付费与否要征求作者本人同意、作者对小说文字作品的人身权不能被剥夺、平台以合作关系向作者给予更多的福利权益、平台保证作者享有小说文字作品 IP 改编时产生的各种合理收益等。该合同争议风波至此告一段落。

【产业前沿】谷歌图书搜索计划遭遇的反对之声

2007 年开始，谷歌曾将数以百万的图书数字化后上传至网络，形成可供查询的电子数据库，这些图书大多来自大型研究型图书馆，这项工程称为"谷歌图书搜索计划"。谷歌允许用户在任何时间、任何地点免费下载它所收录的著作，方便人们查阅专业书籍资料。

尽管谷歌声称他们的行为是以知识开放为目的的公益性行为，不过就是这样一项为了"公共利益"的工程却遭到了作者和出版商的反对，乃至于对簿公堂。原因在于，谷歌从公众免费阅读的流量中获得了广告费，但图书未经合法授权，作者和出版商劳无所得。双方于 2008 年形成了和解协议，谷歌除了要向扫描的每一本图书支付版权费，还要跟图书的版权拥有者进行直销、订阅、广告等"谷歌图书计划"收入的分成，分配的比例是63%和37%。与此同时，读者通过谷歌的应用服务查阅相关图书能够直接看到对应的购买链接，直接通向线上书店。

从中可以看出，"谷歌图书搜索计划"其实是连接图书作者、出版商、读者三方群体的中介。如果用户通过谷歌的搜索服务最终找到并购买了图书，谷歌收取了服务费，作者、出版商也可以获利。由于担心谷歌和作者、出版商的和解协议会形成新的垄断，美国法院将其驳回。其中的复杂关系可见一斑，难于协调。

七、网络证据难定，合法维权艰辛

著作权法存在的意义是当著作权侵权行为发生时，作者、制作者、发行商等权利人可以向侵权人提起诉讼，法院根据著作权法和原告提交的证据判定被告是否承担责任以及承担何种责任。在法庭上，无论双方呈现了怎样的陈述和辩解，证据才是法官判定结果、计量赔偿的核心依据。在传统的著作权保护体系中，这些证据可能是盗版造假的窝点或者非法发行的文化类商品实物，其特点是清晰、固定，但是，由于互联网是去中心化的，大量网络信息处于无名、分散、变化的状态，以之作为诉讼的证据往往并不合适。在冒名顶替、盗版复制、内容抄袭、权利不明等情形下，网络著作权维权的困境主要在于四个方面。

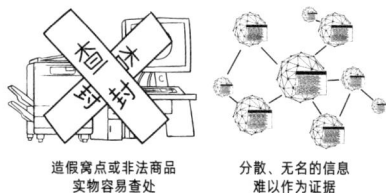

造假窝点或非法商品
实物容易查处

分散、无名的信息
难以作为证据

（一）作品的作者身份难以确定

在美国，作品完成后，作者必须在美国版权局进行纸质或是网上登记，使之进入官方的作品数据库，才能对侵权行为发起诉讼官司。但在我国，作者对其创作完成的作品，除法定情形外，自动取得著作权并受到法律保护。

如果作者在发布作品后不第一时间到官方网站或是相关机构登记，日后有人冒名顶替，提供证据是一件相当不易之事，例如真实可信的原始创作记录。

（二）非法传播的源头难以寻觅

免费开放、社交互动使得作品非法传播的渠道变得更加隐蔽，比如 QQ 群、贴吧、论坛、网盘

等，经过高密度的同级传播，传播的源头已经无法找到，著作权人不可能向广大网民追诉赔偿。例如，曾经大火的电视剧《人民的名义》，正版刚刚播出一半剧集，网络上便出现了疑似泄露的全集资源，虽然制片方选择报案，但依然是不了了之。

（三）实时监测的技术成本过高

在互联网发展的早期，数字内容流通尚且不多的情况下，人工检测侵权和验证是可行的。但是随着互联网的发展，自媒体时代爆发，图片、音频、视频等数字内容创作爆发式增长，海量的数字内容被大量媒体平台使用传播，侵权行为数目增长越来越严重。即时、实时对全网数字内容的监测需要很高难度的比对技术、作品版权信息完整的数据库和一个服务功能健全的版权管理平台。

（四）网上搜集的证据难以固定

网络上的著作权侵权案件在审判前往往需要对资料进行公证与固定，但是从网上搜集的证据往往不能符合司法实践的要求。当著作权人发出律师函后，侵权者可以主动下架或是删除相关内容，使用记录随着消失，原告不能仅仅凭借一些截图推定被告的罪责。《中国新闻出版广电

报》曾披露，还有侵权者故意选择深更半夜开放盗版作品的阅读下载权限，让著作权人和执法者在白天屡屡"扑空"。

此外，许多著作权人本身法律知识欠缺，这一切都增加了合法维权的难度。事实上，在传统的法律体系下，原创作者申诉打官司很可能需要耗费大量的人力物力去举证侵权行为。即便最终胜诉，被告侵权人早已取得了可观的暴利，对著作权人的损伤有时却是永久性的。这种高昂的诉讼机会成本最终吓退了一大批原创作者和著作权人，纵容侵权人逍遥法外。2017 年 6 月 26 日，中央全面深化改革领导小组会议审议通过了《关于设立杭州互联网法院的方案》，专业性网络法院的设立或许会为网络版权保护带来了新的机遇。

【司法实践】数据还原与监测在动漫网站侵权案中立大功 [①]

自 2014 年始，成都一家网络科技公司经营的某动漫网站未经著作权人同意，非法刊载了 2 万多部来自中国、日本、韩国及欧美等国家和地区的未经授权的漫画内容，其主要盈利方式是通过点击量获得广告费。

2016 年，漫画著作权人获悉此事后，向成都市公安局报案，称该网站有 84 部漫画侵犯了其著作权。2017 年，著作权人又向涉事的网络科技公司发送了侵权告知文件，后公司技术人员把网站上的未取得著作权人授权的漫画作品下架，但仍然存放在网站的服务器中。在警方的调查过程，成都市公安局电子物

---

① 任晓宁 . "吹妖动漫"网侵权案告破　网侵权案告破成都市打击侵权盗版在路上 [N]. 中国新闻出版广电报，2018-03-08：6.

证鉴定所对网站的两台服务器
内的网站数据和数据库数据进
行提取恢复，从中提取了《齐
木楠雄的灾难》《全职猎人》《王
者天下》《伪恋》等 67 部漫画
作品的电子图片数据，其中 8
部为报案人享有相关著作权。

另外，CNZZ 公司对每月网站上被点击的网页链接地址及数量、
被点击网页链接地址在每月的日平均点击量、日平均点击用户
量进行了技术统计。二者共同构成了法院判决侵权事实与损失
的重要证据。

法院最后判决，作为被告单位的网络科技公司犯侵犯著作
权罪，判处罚金人民币 18 万元，涉事主要责任人孙某犯判处有
期徒刑三年零三个月。数据信息还原与监测在案件审理中起了
重要的作用。

总的来说，在当今社会，网络著作权的问题与解决不仅仅
是一个政策问题，更是一个非常重要的技术问题。在可见的将
来，随着海量数字内容的不断扩张，著作侵权行为可能会随之
增加。如果个人创作者本身缺少能力全网鉴定内容是否侵权，
那么一种平民、便捷、可靠的著作权保护技术，或是一个搭载
着这种最新技术的大型版权管理平台，对于整个版权产业来说，
便具有非常重要的价值，从而保证创作者拥有良好的创作环境。
区块链技术正是在这样的背景下，为著作权保护带来了新的希

望，同时也蕴含着版权产业变革的巨大商机，基于区块链的著作权管理与交易平台呼之欲出。

第三章

区块链在著作权保护中的应用

随着技术的创新与更迭，越来越多的新兴技术不断涌现，为著作权所面临的困境提供了新的技术解决方案。在众多的技术创新中，区块链技术以明显的优势脱颖而出，目前已被多个国家采用，并应用于金融交易、物联网、军事等诸多领域。

为了率先占领区块链技术优势，早在 2014 年美国纽约州金融服务管理局就在"数字货币许可证制度"中引入区块链技术，并在后续不断推进区块链技术的研发和应用。例如，2020年，美国国会议员及区块链核心小组向众议院能源和商业委员会提交了一项关于推进区块链上的数字签名的合法性法案，试图加强区块链技术在数字货币领域的应用。在欧美国家推出区块链出版平台上，作者可以在线出版、出售或赠予书籍，用户则可以在区块链中进行自助购买，实现无第三方监管的自由交易。

区块链技术进入我国后，我国政府针对其虚拟货币和产业实体经济两种应用场景采取了截然不同的态度。对于区块链应用于虚拟货币领域，起初，我国对区块链技术持防范的态度，并出台了多部通知公告。陆续出台的法规政策包括《关于防范比特币风险的通知》（2013）、《关于防范代币发行融资风险的公告》（2017）、《关于防范以"虚拟货币""区块链"名义进行非法集资的风险提示》（2018）。随着对区块链技术的了解，以及比特币在市场交易中出现的问题，国家对虚拟货币开启了全面禁止的监管状态，如 2020 年，《中华人民共和国中国人民银行法（修订草案征求意见稿）》明确指出任何单位和个人不得制作、发售代币票券和数字代币，以代替人民币在市场上流通；2021 年，最高人民检察院、工业和信息化部、公安部等机关联合印发《关于进一步防范和处置虚拟货币交易炒作风险的通知》和《关于整治虚拟货币"挖矿"活动的通知》。

但是针对区块链应用于产业经济而言，保证网络安全的基础上，我国政府一直持鼓励和支持态度。早在 2016 年，工信部就发布了《中国区块链技术和应用发展白皮书》，为我国区块链相关产业谋篇布局。2019 年 10 月 24 日，习近平总书记在第十九届中共中央政治局第十八次集体学习中指出，要把区块链作为核心技术自主创新重要突破口；要加强区块链标准化研究，

提升国际话语权和规则制定权；要
推动区块链和实体经济深度融合；
要把依法治网落实到区块链管理
中，推动区块链安全有序发展①。
2021 年 6 月，工信部和网信办联
合发布《关于加快推动区块链技术
应用和产业发展的指导意见》，明
确指出要使区块链与互联网、大数据、人工智能等新一代信息
技术深度融合，培育三至五家区块链骨干企业，同时打造三至
五个区块链产业发展集聚区。因此，在国家积极的态度支持下，
国内关于区块链技术的研究和应用进入快速发展阶段，并在金
融、贸易、数字货币、版权保护等多个领域得到应用。

　　由于区块链技术在区块链数据安全性、链独立性、开放性、
可追溯性等方面具有非常显著的优
势，在著作权的保护应用中逐渐受
到人们的追捧。多家互联网技术企
业开启了以区块链为中心的版权保
护体系研究，如蚂蚁集团蚂蚁链、
百度超级链、腾讯至信链等，并迅
速在市场中推广应用，开启了版权
保护的新时代。

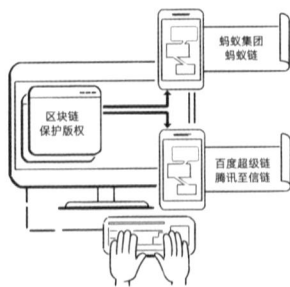

---

① 新华社．习近平在中央政治局第十八次集体学习时强调　把区块链作
　为核心技术自主创新重要突破口　加快推动区块链技术和产业创新发
　展 [J]. 时事报告，2019（11）：4-5.

一、数字版权保护技术的发展与演进

在区块链技术普及应用之前，实践中早已出现利用数字技术对作品进行保护的尝试。随着人们对版权保护的意识不断加强，以及互联网侵犯版权现象的多发，数字版权保护技术也在不断更新和加强，并且在法律层面得到肯定。

（一）数字版权保护的技术实践

互联网技术的不断更新、普及和迅猛发展，为信息广泛迅速传播提供了良好的平台。但与此同时，在互联网中侵犯他人知识产权的现象也愈演愈烈。随着国家对知识产权的保护不断重视以及相关法律的颁布，人们的版权保护意识有了大幅提升。在此种背景下，一系列防止互联网侵犯版权的相关技术措施不断出现。

1. 多硬件相关环境技术

多硬件相关环境技术是早期数字版权保护领域的常用技

术①，起步于 20 世纪 90 年代，在美国得到繁荣发展，至今仍应用于数字版权保护领域。多硬件相关环境技术是通过获取通用和常见设备的硬件信息，生成唯一性、永久性和隐私性的标识，以此实现数字内容作品与制定设备的绑定。

自多硬件相关环境技术产生以来，在版权保护领域的应用一直保持技术创新和更迭。如国际计算机学会举办的"数字版权管理研讨会"（ACM Workshop on Digital Rights Management），对多硬件相关环境技术的研究不断深入，涉及数字版权管理系统的体系结构、对数字内容使用的跟踪和审核、数字内容交易的安全性需求、身份识别、密钥管理、数字权利转移等领域。

作为数字版权保护的基础和重要措施，一些数字科技公司都有尝试对相关技术的研发。如在 21 世纪初期，美国苹果公司就在多硬件相关环境技术方面拥有了自己的专利，随着智能移动设备的出现，苹果公司所拥有的数字版权保护技术在其智能设备中逐渐得到应用

---

① 多硬件相关环境技术是通过获取通用和常见设备的硬件信息，生成唯一性、永久性和隐私性的标识，以此实现数字内容作品与制定设备的绑定的技术。它是早期数字版权保护领域的常用技术，起步于 20 世纪 90 年代，在美国得到繁荣发展，且至今仍应用于数字版权保护领域。

和推广。韩国三星电子在利用多硬件相关环境技术保护版权方面也有诸多实践。早在 2005 年，三星电子与索尼、飞利浦、松下电器等联合开发了联盟版权保护标准，目的是防止数字音乐或者数字视频文件被侵犯，并且统一了不同的版权管理标准。在互联网普及的早期，产业前沿的技术公司主导着相关标准的制定，直到它们相互之间竞争白热化甚至出现垄断之势，民众的使用率相当普及，公共性政策才逐渐重回舞台中央。

2. 加密认证技术

为了保障作品的版权利益，加密认证技术是早期最常用的一种安全保密措施。例如，我们生活中对某一份文件设置密码，只有输入正确的密码才能够获取文件内容，从而实现对版权的保护。当数字作品被加密后，会在计算机中转换成对数据的加密。数据加密技术的基本原理就是根据某种加密算法，将原本为文字或图像的文件进行复杂处理，变成他人无法识别和读取的代码，从而形成带有密码的数据或文件。只有输入相应的正确密码时，才能够获取原文件的内容，从而保障作品不被窃取。认证技术主要是对获取数据或文件的人的身份进行验证识别，防止他人不正当地获取相关内容。加密解密过程就是一个典型的认证技术。

在互联网数据传输速度未提速以前，文件或是软件网络下载需要耗费大量时间，光盘仍然是比较常见的电子知识产权产品售卖方式，包括电影、游戏、专业软件等。在光盘插入电脑时，往往需要输入刻在光盘外盒上的一串序列号，也称为 CD-

Key。后来，光盘逐渐被淘汰，
但是打开文件时输入密码的传
统却延续了下来。例如，网盘
分享与解压内容时需要输入的
密码、重要 Word 文档设置的
密码等，都是加密认证技术在当前的应用场景。

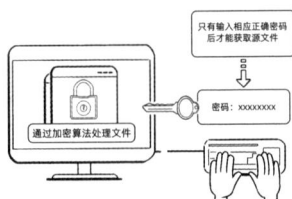

　　目前所采用的加密认证技术分为两种，一种是对称加密技术，即在对文件或数据进行加密和解密时，都是使用同一种的密钥。常见的对称加密技术有数据加密标准算法、三重 DES、国际数据加密算法、高级加密标准算法等。另一种则是非对称加密技术，也就是在加密和解密过程中，使用公开密钥和私有密钥两种不同的密钥对文件或数据采取保密措施。非对称密钥算法的使用，分为加密和签名两个场景：对于加密场景，往往通过公钥实现，并且只有持有相应的私钥才能解密；对于验证签名场景，则是使用私钥计算出签名，之后可以通过持有的公钥来验证签名是否由持有私钥的人签发。显而易见，非对称加密技术的安全性更高，目前也正在大范围被推广应用。

　　3. 数字水印技术

　　数字水印技术是一种更为常见的数字版权保护方式，如生活中常见的试卷或其他文件上印着某某机构的标志，用来表明试卷的出处和著作权人。数字水印技术是建立在信息隐藏理论基础之上的一种防伪技术。通过数字水印技术，能够将特定的数字信号嵌入数字产品中，从而实现对数字产品版权的有效保护。与此同时,数字水印技术还可以对数字产品的去向进行追踪,有效捕捉侵权行为。例如,微博上传照片后可以使之带有上传者名字的水印,防止他人简单地盗用图片,这便是生活中相对常见的数字水印技术应用。

利用数字水印技术保护数字作品版权,具有以下多个突出优势:首先是技术独占性强,技术较为复杂,难以仿制;其次是成本低,只需要通过专门的软件就可以将特有的信息嵌入到数字产品或印刷产品设计中;再者是保密性高,数字水印技术本身含有隐匿性,可以与其他保密技术相结合,实现兼容;四是具有可证明性,能够为数字作品的版权归属提供可靠和有效地证明;最后是稳定性高,即使在经历各种复杂多样的信号处理后,水印仍然能够保持完整性或者能够被准确识别,具有很强的稳定性。

目前数字水印技术可分为三类:第一类是鲁棒水印。鲁棒水印一般多用于保护数字图像、视频、音频以及电子文档的版权。鲁棒水印按照某种算法技术将代表版权人身份的特定信息嵌入在数字产品中,这个特定的信息可以是一段文字或者某种标识。当发生版权侵权纠纷时,只要通过相应的技术提取作品中的数字水印,即可识别该作品版权到底属于哪一方,能够有效解决版权权属纠纷问题,同时也能够为著作权人的版权利益提供安全保障,避免遭受非法侵权。第二类是易损水印,又称脆弱水印。易损水印通常用于数据完整性保护。当某份文件或者某个数据内容被改变时,易损水印同时也会发生相应的变化。通过与原文件或数据进行比较,能够识别出该文件或数据是否完整,或者是否被他人篡改。第三类是标注水印。通常用于标示数据内容。随着人们版权意识的不断提高，数字水印技术已经在图像、视频、音频、软件、数据等诸多领域得到广泛应用。

4. 内容对比技术

内容对比，也就是我们通常所知道的"查重"技术。将原创作品内容与另一作品的内容进行对比分析，即可判断其是否构成抄袭。内容对比技术大多应用于文字作品版权保护领域，如通过专业的查重数据库，如知网、万方、超星等平台，对某一篇文章的内容进行对比分析，并标出文章具体的内容与其他作品内容的相似比例，从而判断他人是否构成抄袭侵权。

以视频为例，利用内容对比技术判断某一视频是否存在抄袭侵权，首先需要将两个对比视频输入并进行解码，其次提取视频相关的帧模块，利用关键帧对比技术和非关键帧对比技术处理分析。除此之外，还可以利用哈希值计算校验算法分析二者之间的相似度。随着技术的不断进步和更新，内容对比技术在数字音乐创作、视频制作、图像等诸多领域的版权保护方面也有应用。如 Sound Similar Free 软件，可以对两个具有线性 PCM 格式的

WAV 声音文件在听觉上的相似度进行检测。

5. 内容访问控制技术

访问控制技术，是为了确保计算机文件在安全范围内运行而设置的一种障碍技术，旨在防止任何未授权的访问行为。顾名思义，内容访问控制技术即是一种防止对内容进行未授权的访问，从而保护作品版权的技术。内容访问控制技术也可以称为内容授权技术，即授予他人访问的权利获取相关作品的内容。我们常见的知识付费就是一种典型的内容访问控制技术，如在"中国知网"上注册个人账号，充值或付费即可获取专有的文章内容，否则无法接触到自己想阅读的内容。"付费墙"模式就是内容访问控制技术的具体表现。

访问控制的主要功能包括：保证合法授权的用户能够正常获取到网络资源，同时对未授权主体的非法获取行为进行有效阻拦，并对拥有合法授权的用户可能存在的不法行为起到防止作用。内容授权技术作为访问控制技术，通常包含权利库、内容密钥库、用户身份识别库和数字版权管理许可证生成器。权利控制是内容授权技术的核心，通过验证用户的操作是否在许可范围之内，即可对用户作品的获取进行有效控制和保护。

（二）我国法律对技术的相关规定

在网络时代，数字化传播作品的途径越来越便捷，侵权成本也大为下降，由此导致的后果是数字侵权日益猖獗。在这种愈发不安全的情况下，著作权人开始在网络环境中对自己的数字作品采取各种措施来保护自身的版权利益，以防止其作品未经许可而被他人利用或接触，此类技术手段被称为"技术措施"。具体而言，技术措施可以分为"版权保护措施"和"接触控制措施"两种。"版权保护措施"是一种防止他人侵犯作品专有权利的技术措施，如阻止他人在未经许可的条件下复制并传播作品。例如 DVD 的防翻刻技术使用户只能播放 DVD，而无法对 DVD 的内容进行刻录，由此防止对复制权的侵害。"接触控制措施"是防止他人在未经许可的条件下，直接"接触"到文字和图像等作品内容的技术措施。又如腾讯、爱奇艺等主流视频网站通过设置 VIP 会员的密码验证机制，使得只有充值付费的会员才可以接触、欣赏作品，没有充值付费的会员没办法接触、欣赏作品。

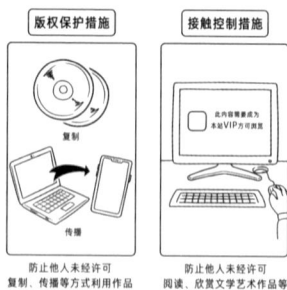

版权保护措施　　　　　接触控制措施

复制

传播

防止他人未经许可
复制、传播等方式利用作品

此内容需成为
本站VIP方可浏览

防止他人未经许可
阅读、欣赏文学艺术作品等

然而自技术保护措施诞生之日起，各种类型的破解、避开技术措施的行为也产生了，这些行为被称为"规避"技术措施行为。技术措施是对著作权人所拥有的正当经济利益的保护，著作权人在新时代有权采取必要技术措施来避免其法定权利遭受侵害。因此，在数字时代对规避技术措施采取严格规制目前已经成为世界各国的通常做法。1996 年签订的《世界知识产权组织版权条约》和《世界知识产权组织表演和录音制品条约》就分别规定缔约方对用于作品和表演、录音制品的技术措施提供保护，从而更好地保护著作权人的利益。参与两部条约的缔约方都对本国的版权法进行了一定的修改，例如增加保护技术措施的条款，并且大多数都是对"版权保护措施"和"接触控制措施"两种措施同时进行保护。具体来说，禁止以破解密码等手段直接规避技术措施，或禁止对两类技术措施提供"解码器"等用于规避技术措施的设备、软件或服务。简而言之，也就是禁止提供规避技术措施的任何方式（提供规避手段的行为也被称为"间接规避"）。在我国《著作权法》修订之前，并未对技术措施进行明确规定，只是在《信息网络传播权保护条例》对技术措施有一些零散的规定。但是在 2021 年最新修订的《著作权法》中，对技术措施的保护进行了正式的、体系的规定，对技术措施的定义、保护范围和保护的例外情形都做出了细致和明确的规定。

具体而言，《著作权法》作为版权保护的主要法律依据，早在 2001 年首次颁布的《著作权法》第四十七条中明确规定，"未经著作权人或者与著作权有关的权利人许可，故意避开或

者破坏权利人为其作品、录音录像制品等采取的保护著作权或
者与著作权有关的权利的技术措施的"行为，属于侵权行为。
该条规定在后续的《著作权法》修订中得到了保留和完善。如
在2020年第三次修订的《著作权法》中，对技术措施进行了解释，
指出"本法所称的技术措施，是
指用于防止、限制未经权利人许
可浏览、欣赏作品、表演、录音
录像制品或者通过信息网络向公
众提供作品、表演、录音录像制
品的有效技术、装置或者部件"。
根据技术措施的定义来看，上述
提及的多硬件相关环境技术、加密认证技术、数字水印技术、
内容访问控制技术等都属于技术措施的范畴，若对这些技术进
行故意避开或破坏，则构成对侵权，除非属于法律规定的例外
情形。

　　不过，我国法律也规定了有且仅有五种允许直接规避的例
外情形：①为学校课堂教学
或者科学研究，提供少量已
经发表的作品，供教学或者
科研人员使用，而该作品无
法通过正常途径获取；②不
以营利为目的，以阅读障碍
者能够感知的无障碍方式向
其提供已经发表的作品，而

该作品无法通过正常途径获取；③国家机关依照行政、监察、司法程序执行公务；④对计算机及其系统或者网络的安全性能进行测试；⑤进行加密研究或者计算机软件反向工程研究。

为了细化《著作权法》的规定并更为具体地指导实施，2006年国务院发布的《信息网络传播权保护条例》中，对保护信息网络传播权技术措施的规定更为具体清晰。《条例》中共有7个条款涉及技术措施，对采取技术措施的侵权认定和例外、侵权责任的形式、责任承担范围等都进行了详细的规定。

除此之外，随着电子证据在司法实践中的使用，针对侵犯版权所收集的电子证据也逐渐得到司法实践的认可，如2020年最高人民法院修订的《关于民事诉讼证据的若干规定》（法释〔2019〕19号）中，对电子数据的具体类型和范围做了细化规定。电子数据包括下列信息、电子文件：①网页、博客、微博客等网络平台发布的信息；②手机短信、电子邮件、即时通信、通讯群组等网络应用服务的通信信息；③用户注册信息、身份认证信息、电子交易记录、通信记录、登录日志等信息；④文档、图片、音频、视频、数字证书、计算机程序等电子文件；⑤其他以数字化形式存储、处理、传输的能够证明案件事实的信息。该规定进一步细化了电子证据的范围和种类。根据该条规定，当网络中出现侵犯著作权的行为时，采取相应的存证取证手段，如截图、录屏等，在一定程度上会得到法院的认可。

截图　　　录屏

采取相应的存证取证手段，如截图、录屏等，
在一定程度上会得到法院的认可

（三）现有版权保护技术的局限性

虽然通过创新研发的相关技术在一定程度上对侵犯著作权行为起到了防范作用，但是结合现阶段数字版权的保护现状来看，仍有诸多不足亟须改进和完善。《2020年中国网络文学版权保护研究报告》显示，因为盗版侵权的缘故，2019年中国网络文学版权损失高达56.4亿元。由此可见，如此大规模的侵权损失，不仅损害了著作权人的利益，也扰乱了版权市场秩序，打击了文化创作的积极性，同时也反映出当下数字版权保护技术的不足与落后，无法有效地预防和阻止版权侵权行为。

数字权利管理系统虽然在发挥着一定的作用，但是各平台之间往往有一套独立的数字版权实施标准，难以形成一个统一的标准。且付费的终端用户只能在某一个平台使用相关产品，无法实现跨平台的使用，导致用户的使用成本增加。数字权利管理系统在运行过程中较为机械，只能识别并阻拦未经许可的访问行为，而无法对合理使用行为进行有效区分，导致技术在一定程度上垄断了知识传播，从而不利于文化的繁荣进步。广泛使用的加密认证技术，尤其是对称加密技术，经常出现作者账号遭篡改进而改变创作内容的现象。普遍使用的数字水印技术，也存在易被篡改的风险，影响了作品真实信息的认证。内

容对比技术虽然能够识别内容的相
似度，但是随着网络"洗稿"行为
的出现，将他人的内容表述进行"改
头换面"，内容对比技术就会面临
难以有效识别的困境。内容访问控
制技术也经常遭遇黑客攻击，使得
控制技术形同虚设。

　　数字版权保护技术的出现，一方面是基于现实中版权保护
的需求，以应对当下较为严重的侵犯版权行为；另一方面也是
对法律保护知识产权的实践回应，并且通过技术创新推动法律
制度的不断完善。但是，现有的数字版权保护技术仍有很大的
提升空间，面对一些顽强的侵权往往"捉襟见肘"。随着人们
对技术的不断创新及攻克技术难题，一些新的技术正在逐渐诞
生，其中以区块链技术最为突出，为数字版权的全面保护带来
了曙光。

　　随着区块链技术的不断发展和应用，尤其是自习近平总书
记发表讲话要求重视区块链技术的研究与运用以来，我国中央
与地方出台了很多区块链相关政策，具体包括供给型（资金支持、
基础设施建设、人才支持、技术支持、公共服务）、需求型（政
府外包、政府采购、项目试点示范、贸易管制）、环境型（目
标规划、法规管制、税收优惠、金融支持、策略性措施）。有
研究专家指出："中国区块链政策工具的选择非常重视和情境
的匹配与互动……更多地体现为主动营造适合区块链技术发展
的社会生态，统一共识。"也就是说，我国政府试图使社会中

的规定、法律、标准主动接轨区
块链带来的变革。例如，2018 年
最高人民法院发布的《关于互联
网法院审理案件若干问题的规定》
中，第十一条第二款规定："当
事人提交的电子数据，通过电子
签名、可信时间戳、哈希值校验、

区块链等证据收集、固定和防篡改的技术手段或者通过电子取
证存证平台认证，能够证明其真实性的，互联网法院应当确认。"
这样一来，通过区块链技术收集到的侵犯版权证据，在司法层
面就具有法律效力，为权利人在司法诉讼中提供便利。

二、区块链技术运作的基本原理

互联网信息技术的创新和发展，在给人们的工作和生活带
来极大便利的同时，也为人们使用互联网带来了前所未有的挑

战，尤其是个人信息和隐私数
据面临被泄漏和侵犯的风险。
例如，2018 年脸书（Facebook）
被曝泄漏 5000 万用户信息，推
特（Twitter）自曝其存在密码
安全漏洞，要求 3.36 亿用户修
改密码。一系列的互联网信息
安全事件表明，我们正在使用

的互联网技术和习以为常的互联网环境，隐藏着各种威胁。在此背景下，亟须一种能够确保个人信息和数据的安全的技术。建立在区块链技术上的保护平台，黑客若想仅凭一人之力控制多数节点，其难度较大。这一高门槛有利于减少黑客攻击行为。

（一）区块链技术的由来

何为"区块链"？区块链是一种新型计算机技术应用模式，集分布式数据存储、点对点传输、共识机制、加密算法等于一体。众所周知，区块链技术与比特币密切相关，有人甚至将二者等同看待。但是，区块链事实上只是比特币的底层技术之一，直到比特币存在很久之后才被剥离出来成为一种独立的技术。换言之，比特币是区块链技术最早应用在实际生活中的具体表现。

2008 年，自称是日裔美国人中本聪（Satoshi Nakamoto）的网络用户发表了论文"比特币：一种点对点网络中的电子现金"（Bitcoin: A Peer-to-Peer Electronic Cash System），其中描述了一种被他称为"比特币"的电子货币及其算法，同时涉及一种去中心化、去第三方、集体协作的网络金融体系，这就是最初的区块链设想。次年，比特币正式出现在金融领域，从此开启了人们追捧和炒作天价的"比特币"时代。一枚比特币的价格从最开始的 0.003 美元，到 2021 年 3 月 13 日达

到 6 万美元，短短几年内实现了几百万倍的暴涨。由于虚拟货币尚未得到全球主要国家的认可，更多依靠网民的炒作和追捧，一旦出现关于严管比特币的政策制度，比特币价格又会迅速下跌，呈现出非常不稳定的状态。比特币作为新兴的技术产物，虽然具有技术上的安全稳定性，但现实中人们往往看中的是其市场价格，企图通过炒作从中获取金钱利益。

随着人们对区块链技术的了解不断深入，越来越多的开发者、金融机构、企业乃至政府已经意识到，区块链技术的作用不仅仅是支持比特币发行，《经济学人》把区块链技术形象地比喻为"信任机器"，这种成本极低的、去中心化、集体协作的网络体系可以应用到金融、物联网、数字版权、数据信息、公共服务等诸多领域。有研究数据显示，2020 年全球区块链市场规模达到 43 亿美元，预计 2023 年将超过 145 亿美元。习近平总书记也在中央政治局第十八次集体学习时强调，区块链技术的集成应用在新一轮技术革新和产业变革中具有重要作用。2021 年颁布的《中华人民共和国国民经济和社会发展第十四个五年规划和 2035 年远景目标纲要》则将区块链纳入七大数字经济重点产业之一。可见，在当下和不久的将来，区块链技术将会成为影响人们经济生活的重要技术。

在看待区块链技术的价值时，不能仅局限于其比特币的经济价值，而是要看到区块链技术背后所拥有的技术优势，以及

能够为社会所带来的价值。站在人类社会发展的高度来看，以区块链为代表的新兴技术的出现，应当更多地应用于推动人类生产、生活进步等领域，而不是停留于数字货币之类的金融炒作。

（二）区块链的主要组成部件

区块链本质上是一个公开账簿，具备记录全球所有资产登记交易并且去中心化的能力。从技术层面来看，区块链涉及数学、密码学、互联网和计算机编程等多种科学技术的专业问题；从应用层面来看，区块链是一个分布式的共享账本和数据库，具有去中心化、不可篡改、全程留痕、可以追溯、集体维护、公开透明等特点。区块链之所以能够获得公众的认可，主要是其具备足够的安全性。区块链所拥有的安全性，是建立在一系列复杂的技术基础之上，具体而言由以下技术组成（包括但不限于）。

1. 哈希值（Hash）

哈希值也称散列、哈希，是通过一个复杂的计算函数把字符串或者其他类型的数据映射产生的一个整数。不同的数据由此可以得到唯一的哈希值，一旦原数

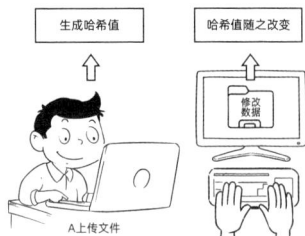

据发生变动，哈希值也会随之变动。哈希值往往应用于文件内容加密方面，形成一串数字密钥，哪怕只是更改其中的一个数字或字母，哈希值都会产生明显的变化。因此，可以通过哈希值的变化来判断文件是否被篡改，从而有效识别侵权行为。

2. 时间戳（Time Stamp）

时间戳通常是一串数字和字母组成的字符序列，能够表示一份数据在某个特定时间之前就已经存在且是完整的，并且具有可验证性、唯一性和准确性。时间戳是通过数字签名技术而产生的数据，形成字符或编码信息的序列，通常包括原始文件信息、签名参数、签名时间等信息，因而多用于标识特定事件的发生日期和精确时间。由于区块的技术设计，每一份文件上传至区块后会产生自己专有的时间戳，如果想对其进行修改，也需要改动该区块以后的所有数据，难度相当大。

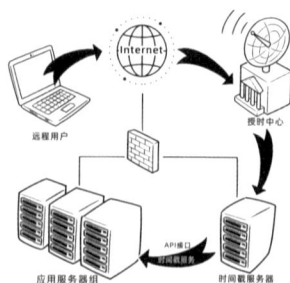

3. 共识机制（Consensus Mechanism）

比特币诞生的初衷是为了更好地解决人与人之间的不信任危机，而共识机制就是确定达成某种共识并维护共识的方式，这也是区块链技术的核心所在。由于区块链没有中心化的机构，因而在信息传输过程中，共识机制主要起到确保每一次信息传输的内容在所有区块节点上的一致性和准确性，从而解决去中心化的交易安全问题。当区块链中的区块越多、运行时间越久，共识机制所发挥的重要作用越明显。区块链分为公有链、联盟链、私有链，三者的开放程度各有不同，其设计的共识机制也不相同。公有链采用我们熟知的工作量证明机制、权益证明机制，联盟链和私有链则可以按需设计，采用授权证明机制、股份授权证明机制、实用拜占庭容错共识机制等。

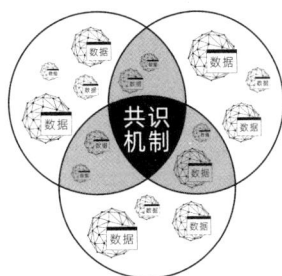

4. 非对称加密（Asymmetric Encryption）

一般的加密算法在加密和解密时使用同一种密钥，因而在安全性能方面存在一定的风险。与对称加密算法不同的是，非对称加密算法在加密和解密时，设置了私钥和公钥两种密钥。在区块链中，首先产生的是私钥，私钥往往通过不可逆的函数来产生公钥，公钥经过一系列不可逆的运算再来产生地址。私钥用于数字签名，公钥用于验证签名；同时公钥用于加密，而私钥用于解密。只有同时具备两种密钥方可进入区块链当中，增加了安全性能。

5. 梅克尔树（Merkle Trees）

梅克尔树结构是拉尔夫·梅克尔（Ralph Merkle）在1979年发明并以其名字命名的。在比特币系统里，梅克尔树实际上

是由一系列数据通过不断地
哈希运算组成的树形结构，
因此也被形象地称为梅克尔
哈希树。在区块链结构中，
梅克尔树是最为基本的组成
部分，可以快速归纳和校验
区块数据的存在性和完整性。
梅克尔树的存在能够实现"简
化验证"，即使在不运行完
整区块链网络节点的情况下，也能够对相关数据进行检验，从
而提升哈希值的运行效率。

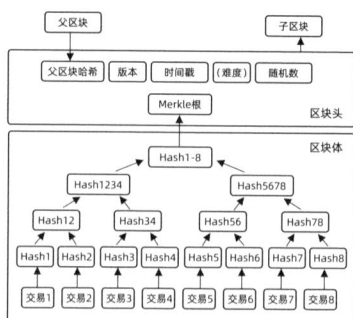

6. 分布式账本（Distributed Ledger）

分布式账本也称为共
享账本，核心参与者之间
通过点对点网络（Peer-
To-Peer），可以在分散
的成员之间实现数据的共
享和同步。从而保障在没
有中心管理员或集中数据存储中心的情况下，数据也能够正常
运转。分布式账本作为一个可复制和同步的数据库，主要记录
网络参与者之间的每一笔交易活动,确保数据的真实和可追溯。
在公有链上，任何人都可以上传和改动数据，而在联盟链和私
有链中，只有拥有节点授权的人才可以进行数据传输。在区块

中的任何改动都会被完整记录下来，从而实现整个数据库的实时更新和共享，确保数据的可靠性。

7. 智能合约（Smart Contract）

区块链智能合约是传统合约的数字升级版本。智能合约是指在没有第三方的情况下进行可信的交易，通过算法设置可验证和自动执行合同的计算机协议，实现自动化交易。其最大的亮点在于公开透明，合约的规则以及数据都对外可见，所有交易也被公开，因而不存在虚假交易等情形。智能合约同时具备主动或被动的处理数据功能，可以接收、保存、传输、管控区块链上的数字资产等重要信息内容。

以上只是区块链的部分重要技术，现实中区块链技术拥有非常复杂和精细的算法技术，从而赋予了其安全可靠的基本功能。用户若想借助区块链技术实现文章的保存，可以通过现有的区块链技术平台，通过实名认证后直接在平台上输入相关文字，平台会将相关信息进行转码上传至区块链中，形成一个独一无二的数字序列。用户可以自己设置文章的传播范围以及他人获取文章的方式（付费或免费），其他用户登录该区块链平台中，便可搜索查看到相

关文章；若要转载或进行下载，就需要按照上传用户设置的要求来获取。此外，区块链还有 P2P、存储、账户管理等多种技术应用。

（三）区块链的生效原理

在宏观层面上，区块链通过分布式数据库原理确保其数据信息真实可信、不可篡改。如果需要用一个通俗的比喻解释区块链的分布式数据库原理，人们可以把它想象为一批相互连接并且会自动同步所有数据信息的电脑。这些电脑由大家共同管理和使用，每个人使用电脑的时间、做了哪些事、有何变动等所有的数据信息都会被全程记录。于是，每台电脑上都会存有一份数据信息记录。一旦发现不同电脑有数据差异，一般按照少数服从多数的原则，以多数电脑上的共同数据为正确值。反过来说，如果数据篡改者无法控制多数比例的电脑，那么就结果而言数据便无法被篡改。尽管公有链、联盟链、私人链对正确取值需要的电脑数额比例不同，但其保证区块链真实性的原理是相同的。因此，区块链所使用的分布式数据库原理本质上是利用"人手一份"、集体共有产生集体信用，保证整条区块链的稳定。

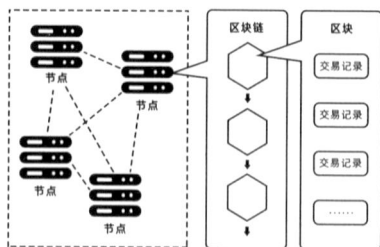

在微观层面上，区块链是一个个我们称之为区块的信息团

块，记录着详细的数据信息，通过哈希值、时间戳、共识机制等加密认证方式头尾相接，按照各自产生的时间顺序连接成一条长长的链条，因而被称为区块链。区块链的特殊之处在于每个区块不仅包含了自己的哈希值，也包含了与之相连的前一个区块的哈希值，哈希值与哈希值前后对应；如果篡改某个区块的数据信息，会使其哈希值发生变化，那么篡改者还必须修改这个区块之后每个区块的哈希值，才能不被他人发现。为了延缓哈希值的计算时间，使之难以发生一人独自完成全部区块哈希值修改的情形，区块链还引入了工作量证明，最常见的是散列函数，可以将计算哈希值的时间延长到数分钟，区块链越长，难度系数动态调整越高。区块链网络中的节点在监听到新的交易记录后努力算出新区块的哈希值，然后再向全网广播，由其他节点验算，获得共识后这一新区块方被正式加入区块链中。这种计算与验算过程好比预设了某一粒沙子的特征为目标，所有人在沙漠中苦苦寻觅，但找到后所有人都可以迅速比对其正确性。基于这种困难程度，经理论计算，篡改者需要掌握全网算力的 50% 以上，而这几乎是不可能实现的。所以，有人说区块链中的信任依然来源于民主投票，只不过"不是按人头算的，是按 CPU 算的，每个 CPU 有一票"。

区块链技术正是通过宏观层面上的分布式数据库与微观层面上的哈希值计算，最大程度

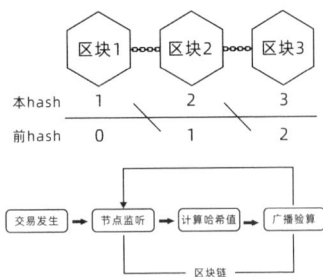

地确保区块中的数据信息是真实可信、不可篡改的。

当然，以上的区块链技术基础系统主要是面向全网公开的公有链，即允许各个节点自由加入和退出，平等参加链上数据的读写，没有任何管理员。数据信息完全公开透明的最大区块链体系，如我们熟知的比特币、以太坊，都属于公有链。然而，政府、银行、证券是不能数据信息全公开、无管理员的，并且公有链还有速度效率过慢等弊病，在此背景下，区块链技术的部分优势可以通过联盟链、私有链的形式应用到这些不适合公有链的行业领域。由于私有链的中心化程度较高，应用场景限于企业内部审计、政府财政等，我国的区块链产业主要是以联盟链的形式存在。公有链、联盟链、私有链如同微信朋友圈的开放度，分别为对所有人可见、对部分人可见、仅自己可见，没有绝对的优劣之分，只有适用场景的不同（见表 3.1）。

表 3.1　三种形式的区块链对比

	公有链	联盟链	私有链
参与者	任何人	联盟成员	个体或公司内部
共识机制	PoW/PoS/DPos	分布式一致性算法	分布式一致性算法
记账人	所有参与者	联盟协商	自定义
中心化程度	去中心化	多中心化	中心化
效率能力	低	中	高
应用场景	虚拟货币	支付、结算	审计、发行

目前，区块链技术已经逐步推广应用至金融交易、数字票据、数字政务、身份验证、司法取证等诸多领域。例如，2016

年 10 月 30 日，中国工商银行与负责贵州省扶贫工作的贵民集团签署战略合作协议，采用联合共建的方式，搭建脱贫攻坚基金区块链管理系统，确保每一笔资金使用记录的真实可信；2019 年 6 月，浙江省推出全国首个区块链电子票据平台，帮助群众看病报销"最多跑一次"，将个人身份信息上"链"实现身份验证，助力医保、就业等政务工作，大幅提升了政务服务水平和效率。2018 年的《关于互联网法院审理案件若干问题的规定》就是政府意向的典型例子。区块链技术存证取证可作为司法证据使用，表明区块链的技术原理、可实施性、可靠性和技术安全效果都得到了官方认证。

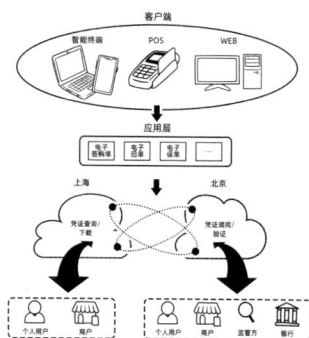

由于区块链技术存在多项应用优势，国家在多年前便开始颁布政策、法规以支持区块链加速产业升级。2016 年 12 月，区块链首次作为战略性前沿技术、颠覆性技术，被写入国务院发布的《国务院关于印发"十三五"国家信息化规划的通知》，反映了区块链技术受到国家重视的程度。此后，从中央到各地区政府的关注重点在于区块链技术与文化传媒产业的协同发展，全国的区块链相关政策数量有了显著增加。

随着多年的摸索与实践，以及区块链技术自身以及产业不断成熟发展，我国政府出台区块链相关政策的速度大大加快。2019 年 10 月 24 日，中共中央总书记习近平在关于区块链技术第十八次集体学习时，又强调要把区块链作为核心技术自主创新的重要突破口，加快推动区块链技术和产业创新发展。在总书记的指引下，中央及各省份积极响应，着力推进区块链技术与文化传媒产业的融合，越来越多的区块链应用纷纷落地，从各方面改写了人们的生产与生活。

互联网技术的出现，使得人们可以进行在线创作。以网络文学创作为例，2020 年，我国网络文学市场规模接近 250 亿元，网络文学用户规模达 4.6 亿人，具有巨大的发展空间和潜力。虽然网络在线创作呈现出欣欣向荣的景象，但仍然存在诸多挑战，其中最主要的便是著作权保护问题。网络在线创作，一方面原作者账号会面临被盗的风险，比如"露露事件"[1]，一用户的社交网络号被盗，修改或删除原有账号中的文章，行为人在

---

[1] 2019 年 3 月 12 日，自媒体"三表龙门阵"发布了一篇微信文章"河南女孩露露给我上了一堂七万的课"，声称自己的企鹅号被盗两月有余，却未接到任何通知，并且账号被改名成"娱乐与露露"，为娱乐八卦号。他还发现其中有所谓的"做号集团"，利用通过夸张的标题和简单的内容就能获取大量企鹅号的利益，仅仅 60 天里，"娱乐与露露"的收益是 75196.37 元。腾讯方面回应，可能是去年某大型网站被'拖库'（原指从数据库中导出数据，现在则用于指代网站遭到入侵后，黑客窃取数据库的行为），他邮箱号账户信息因而遭到泄露。"做号集团"购买了大量被泄露的公民信息，"撞库"（使用大量的一个网站的账号密码，去另一个网站尝试登陆）后发现并盗取了他的高等级企鹅号。

60 天内获利 7.5 万元。澎湃新闻曾报道有黑客攻击作者的账号，并对作者正在创作的内容进行修改。另一方面，原作者的文章面临着被非法转载和未经许可的出版，致使作者遭受损失。这些现象都反映出当下著作权在网络中难以得到有效保护的困境。

而区块链技术的出现，可以很好地改变当下著作权保护的困境。利用哈希值、时间戳、共识机制、非对称加密等基础技术，再结合区块链与图像处理、语音处理、自然语言处理等应用技术，让盗号行为、未经授权的修改行为以及非法转载和出版行为都无所遁形——即便不法分子盗取了私钥，非法转载等行为变动也会有所记录，由此助力用户实现著作权在线确权、交易、诉讼和作品收藏等用途。

三、区块链可为数字作品进行确权存证

通过区块链技术进行著作权确权，正是利用区块链的可信时间戳、哈希值校验技术，为作品提供一个专属的"身份信息"，相当于每个人拥有独一无二的"DNA"。目前，国内有多家区

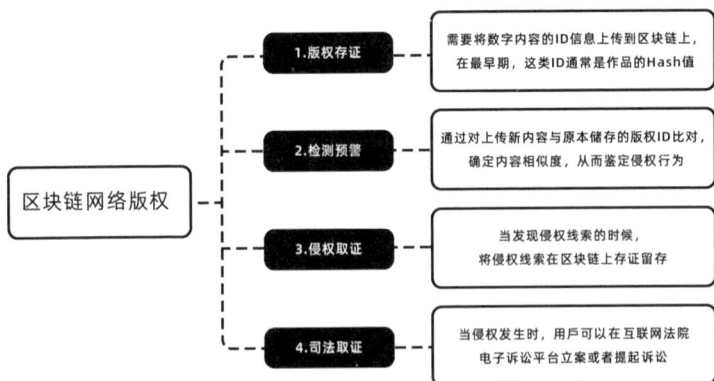

块链平台，如蚂蚁链、百度超级链等，可以用在这些平台上进行著作权确权。以百度超级链平台为例，通过注册个人账号后，用户在该平台可以将自己的文字、图像、视频等作品上传，上传后若通过了相似性检查、全网检测等环节，平台会通过区块链技术准确记录该作品的认证时间，以及作品的身份信息，即赋予每一份作品 DNA 和数字签名密钥，相关信息由作品认证者和平台共同保管。如此作品的确权过程即完成。这就类似于在一个人通过身份认证后，在封闭的区块链空间中放置了一幅作品，进而认定该作品的著作权人。区块链会对该过程进行全程记录，且他人无法篡改。

【产业前沿】蚂蚁链鹊凿数字版权服务平台为著作权保护添砖加瓦

2019 年 10 月，蚂蚁集团正式宣布鹊凿数字版权服务平台上线并向全社会开放。该平台是一款以区块链技术为核心的著作权确权存证、侵权监测、维权服务一站式平台。著作权人可通过平台的 AIoT 技术，将每一个原创作品进行 DNA 锚定——将作品的关键性数据信息记录在蚂蚁链上，通过存证的形式生成一个作品的电子身份证，确定作品的唯一身份且不可篡改，未来可溯源。作品上链后，从最初的创作存证到后续的所有授权、转让，相关交易记录均清楚地被记录在区块链上并可追溯源头。

鹊凿的主要优势在于技术可靠、权威效力、服务高效。该平台将区块链与人工智能、金融级加密算法、云计算等技术结合，为每一层服务提供安全保障。其搭载独有的多媒体溯源技术，能自动追踪覆盖海内外媒体站点，进行高精度视频或图片的 DNA 比对、快速高效的版权确认，识别盗版同时也能够为各类纠纷提供准确的司法取证。平台有效提高了著作权纠纷的解决率，权威机构全程见证证据链条，维权诉讼周期由 3～8 个月降低到 20 天。鹊凿平台致力于让每一位著作权人"一次都不跑"就实现著作权保护，相关费用节省 95% 以上。

2021 年 4 月 26 日是第二十一个"世界知识产权日"，蚂蚁链宣布升级原有的鹊凿平台，在区块链 +AI 技术的基础上，添置了全网实时传播监控、移动端取证等全新功能，同时将服务价格降低到仅仅 1 元，有利于更多中小型的内容原创企业和普通作者加入。目前，已有超过百万作者在鹊凿平台注册，上链作品数量超过 5000 万，另有 5 万多家淘宝商家正在使用鹊凿提供的自助工具。

根据《最高人民法院关于互联网法院审理案件若干问题的规定》（法释〔2018〕16 号）第十一条可知，通过区块链时间戳记录相关作品的认证时间以及数字签名密钥等信息，即可认定相关作品的著作权人。但是利用区块链技术进行著作权确权，也存在潜在的劣势。如用户将他人未发表的作品上传至区块链版权认证平台中，可能存在恶意抢注的情形，例如甲正在创作一篇小说，但是相关内容并未上传至区块链，乙看到相关内容，进行窃取，以自己的名义上传至区块链中，并署名为乙。此时甲若进行维权诉讼，乙所拥有的关于作品的区块链信息，都指向了作品由乙创作，因而甲的权利难以得到有效保护。在这种情形下，区块链技术就会沦落为他人行使不正当行为的工具，这也是值得我们深思和警惕的地方。但是总体来说，区块链技术所带来的进步和优势大于其本身所具有的弊端。

1. 大大降低著作权确权成本

在区块链技术出现和应用之前，传统的版权登记手段需要著作权人到当地的版权局进行登记或者委托相关代理机构办理登记。在完成作品登记后，登记信息可用于证明作品的权利归属，以便在发生侵权纠纷时能够有效维护自己的利益。但是这一过程不仅耗费高，每幅作品的著作权登记费用在 100 元以上，而且也耗时长，即使是中国版权保护中心推出的版权数字登记，也需要等待 30 天左右才会给著作权人发布登记证书。

相比之下，若借助区块链技术进行著作权登记认证，著作权人可以将作品类型、作品名称、创作时间、权属信息、操作权限等诸多作品信息上传至某个区块链平台。当联盟链平台三分之二以上节点，或者公有链中一半以上的节点共识验证通过后，该信息将会在整个区块链中被确认并且更新。随后平台就会给著作权人发送关于作品的认证信息，用于证明该作品的权属。免去了复杂的材料递交、人工审查和等待时间，整个操作过程只需要十几分钟甚至更短，且成本非常低，有的仅需 0.3 元甚至免费。因此，借助区块链技术进行著作权确权登记，能够大幅提高著作权登记效率，为著作权人降低或免除著作权确权登记费

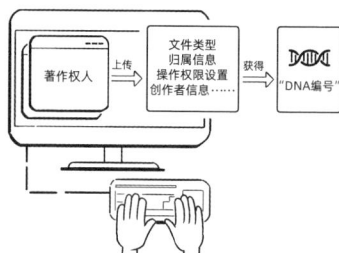

用。目前，人民网、封面传媒、杭州日报集团等多个国内媒体单位，都在尝试构建区块链版权保护平台，或者与第三方区块链平台进行合作，进行批量的文章登记确权，省时又省事。

2. 明显提高著作权确权效力

根据我国著作权法的规定，作者一旦完成某个作品的创作，即享有该作品的著作权，成为著作权人。然而现实中侵犯著作权的现象屡禁不止，为了减少著作权的纠纷，美国在《美国版权法》第 411（a）条规定：对著作权主张进行预登记或登记之前，不得针对著作权侵权提起民事诉讼。也就是说，作者只有在完成作品登记的前提下，当发生著作权侵权时，才有机会通过司法诉讼方式维护自己的版权利益。因此，在这一方式下，著作权人要想及时地保护自己的作品版权利益，需积极地去完成作品登记。而在我国，著作权登记并非作为诉讼维权的必需条件。因此，传统的著作权登记并非获得著作权的必要手续，这意味着无论是否登记，都不会影响到著作权人对著作权的依法获取，登记的作用在于日后如果作者遇到作品的著作权侵权纠纷，能够作为用于申诉的有利证据。

基于版权相关管理部门的公信力，版权保护和管理部门通过出具版权登记证书的方式为已登记在案的作者提供作品版权

的归属证明。这也是传统著作权登记的信任机制关键之处。不论是美国式的保护机制还是中国式的保护机制，二者都存在不完美之处：一是作品的著作权登记都需要耗费一定的时间和金钱成本；二是在作品创作到作品完成著作权登记期间，作品也面临被黑客攻击或遭他人剽窃抄袭的风险。因此，仅仅依靠传统的著作权登记制度，并不能够为著作权的确权或维权提供周全的保护。

区块链技术的出现，完全可以改变著作权登记保护机制中的不足。利用区块链进行著作权登记和认证后的作品，其权利归属证明效力更高。原因在于区块链技术通过全程节点记录、存储著作权登记过程，将其相关数据公开，任何一方都能够查询到作品的相关信息，并且数据难以被篡改。这些技术优势可以看作是赋予著作权权利归属的"信任背书"。

另外，目前国内的区块链平台除了使用区块链技术之外，还在积极与司法机构进行合作，如由中国版权保护中心主办的基于区块链技术的数字版权在线登记系统——DCI 体系 ①，在

---

① DCI（Digital Copyright Identifier，数字版权唯一标识符）体系是中国版权保护中心自主创新提出的具有革命性的数字版权公共服务创新模式，意为用于标识和描述数字网络环境下权利人与作品之间一一对应的版权权属关系。自 2009 年提出后长期与阿里巴巴、华为等合作建设，已发布了《数字版权唯一标识符》作为国家认证的行业标准，涉及版权资源编码与管理、版权数据管理与运营、区块链与人工智能等技术集成应用等领域。

提供著作权确权登记服务的同时，也会将相关信息同步传送至司法鉴定中心，当发生著作权侵权纠纷时，著作权人可以让司法鉴定中心出具相关的鉴定说明，从而能够在诉讼中提供更加有力的证据。另外，也有蚂蚁区块链平台与杭州互联网法院达成技术合作，与公证处、司法鉴定中心、法院等全国多个国家机关形成联盟链，全程自动记录数字版权、网络合同服务等业务。截至 2021 年 12 月 3 日，杭州互联网法院司法区块链总数已达到 1.87 亿，进一步提升了第三方区块链平台的权威公信力，也增强了著作权确权的认证效力。

【产业前沿】摄影作品的区块链解决方案——图虫 ①

　　由于区块链技术在版权保护方面有着显著的优势，很多企业陆续利用区块链来保护自身版权利益。图虫与蚂蚁链联手共同打造的区块链确权摄影师平台，是业内首次将区块链技术应用于图片版权保护。基于蚂蚁链的区块链技术，平台注册用户可实现"发布即存证"。

　　创作者在图虫上传作品后，经过身份认证和通讯校验，创作者、作品内容、发布时间三要素会被加密添加至区块链，供

① 金色财经 . 蚂蚁区块链技术助力字节跳动 让图虫社区 290 多万原创作品上链可查 [EB/OL].（2020-04-02）.https://www.jinse.com/news/blockchain/617985.html.

蚂蚁链的平台读取、保存、导出。与之关联合作的各级法院、司法鉴定机构、版权授权中心等管理部门也可随时检验链上数据信息的真实性。由此，一种围绕区块链的全流程透明、全链路可信、全节点监测的数据信息安全环境达成，在图虫上传作品及其相关版权信息的摄影师得以通过这一套系统有效减少因作品版权归属问题产生的纠纷。作为首家蚂蚁链技术支持的影响数字内容版权合作平台，图虫已有超千万的原创作品成功"上链"，每天新增存证作品数量达到 10 万件，涉及 80 多万的上传用户。据三家互联网法院数据显示，引入图虫后因证据确凿可信，案件的调撤率可达到 90% 以上，整个诉讼周期可从原先的 3 ~ 8 个月不等缩短至最少 20 天完成。

四、"区块链＋多种数字技术"实现侵权监测

尽管区块链技术在版权保护方面具有诸多优势，但是若仅仅只依靠区块链，应用到具体网络版权产业的各个领域时，其能够发挥的作用是相对有限的。因此，随着区块链技术的推广应用，图像识别技术、语音识别技术、文本识别技术等也逐渐朝区块链技术靠拢，实现与区块链技术的融合，发挥各自的技术优势。如区块链技术与识别技术相结

合，可以对图像、语音、文本的来源、内容是否合法合规、是否存在抄袭侵权行为、是否构成版权抢注等信息进行识别，在数字作品版权确权前，对侵权行为进行识别和检测，从而降低侵权行为的发生。多个技术的融合，为一站式区块链版权服务系统奠定了良好的基础。

（一）区块链存证取证的监测应用

实践中，人们往往会结合区块链技术与其他技术优势，对盗版作品进行识别和区分，并将区块链所生成的相关数据保存作为证据使用。区块链在赋予每一幅作品版权信息时，会同时给予唯一的哈希值，类似于每一幅作品所拥有的指纹信息。他人若未经许可实施复制，或者是"洗稿"行为，可以基于哈希值对具体的内容进行比对校验，为鉴定侵犯著作权行为提供参考依据。提供作品上链服务的平台，可同时结合相关的 AI+ 图文/音频鉴别技术，对网络上的作品进行实时对比和溯源监测，发现相似作品并记录作为维权的证据。

当然，这种全网监测对平台的技术要求较高，国内已提供此种服务的企业数量有限，其中业务开展速度较快的是人民网人民版权、蚂蚁链鹊凿平台。例如，依托《人民日报》、人民网的品牌和资源优势打造的"人民版权"平台，基于区块链的可追溯、不可篡改、高效等优势，能够对所有上链的数字作品进行信息追溯，以及对全网数据进行监测，达到版权全流程的保护管理。2020 年 4 月，"人民版权"首发《人民版权发展大数据报告》，数据结果表明，截止报告发布，共有 2030890 篇原创性新闻报道通过"人民版权"完成版权存证；日均实时对比检测 2871903 篇稿件，全年检测总量十亿多条；系统识别范围几乎囊括了国内所有的主流媒体和网络新媒体的主站以及"两微一端"，共计达 9988781 家。海量大数据与全网实时监测是网络侵权行为区块链识别与取证的基础。

蚂蚁链可以通过全网监测实现知识产权保护的功能，在区块链技术基础之上，依托图像识别、语音识别和文本识别等技术，对用户上传的作品进行对比分析，判断是否存在侵权行为，并生成相关数据，为用户提供参考，并可以作为司法诉讼证据使用。在提供确权服务时，同样可以发挥其他技术的优势，对确权的作品进行检测，以防成为侵权行为的推手，从而使技术朝着积极向善方向发展。

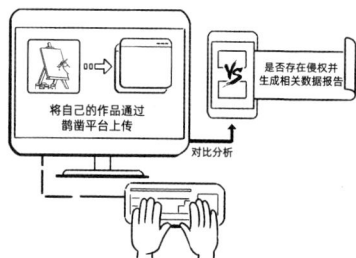

（二）区块链与图像识别技术的结合

要理解计算机的识图技术，首先我们可以自问：人类是如何识别图片的？显然，我们在看到一件事物后，大脑会优先判断这个东西是否以往见过，为此会在我们的记忆存储进行相似度匹配，整个过程如同模糊搜索。计算机的图像识别本质上是与之类似的，通过对已存在事物和分析对象进行重要特征点提取，二者相互比较，排除多余的信息，根据匹配度标准排序。例如，苹果与橙子的比较，苹果的特征包括非正圆、红色、表皮光滑，橙子的特征是正圆、橙色、表皮粗糙，二者无法匹配，因此非同一事物，反之则被列为高度相同类型。如果给计算机建立一个图谱信息特征要素完整的数据库，另外获得一定的对象图片信息捕捉技术，它就能够自行完成相似度匹配工作。以上便是计算机识图的基本原理。

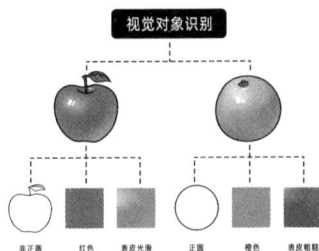

进入 21 世纪以来，在互联网与数码相机带来的海量数据推动下，计算机识图技术走向了大数据学习：计算机通过海量大数据寻找提炼物体的特征并化为特定数据库，将新事物与数据库对比进行判断。这一时期涌现了相机人脸检测、安防人脸识别、车牌识别等识图应用。ImageNet 项目就是一个基于视觉对象识别软件的庞大可视化数据库，1400 多万幅图像的网址 URL 被 ImageNet 注释，用于识别图片中的具体事物。不过，ImageNet 自己仅存有图像 URL 的注释数据库，图片本身版权不归其所有。2010 年后，借助于深度学习的力量，计算机视觉技术得到了爆发增长和产业化，甚至可以将识图错误率降低到 5% 以内。

区块链与图像识别技术的结合点在于将图像类作品的版权信息写入区块链的数据库，借助区块链的可追溯及去中心化、不可篡改优势，让人工智能对区块链数据库与网络中的图像类作品进行比较，追溯不同作品的先与后，从而发现侵权内容。这种技术实则包含三块系统：大范围图像捕捉、局部特征匹配、版权信息数据库。目前，蚂蚁集团、百度、京东等互联网公司都试图通过图像分析、语义理解等多项人工智能技术，建立图片 Tag 智能推荐和图片检索子系统，凭借自身庞大的用户基础，建立前期原创作品登记、中期特征数据库、后期实时监测维权的区块链图像识别产业链。视频是由连续的一帧帧图像构成，这种图像识别技术可以推广到视频侵权的监测维权中。

【产业前沿】蚂蚁链鹊凿的视频图像检索和比对功能

蚂蚁链鹊凿平台独有多媒体溯源技术，可自动追踪覆盖海内外媒体站点，进行高精度视频或图片的 DNA 比对、快速高效的版权确认。得益于前沿的算法技术与方案，平台能有效应对各种常见的视音图文编辑类型的盗版攻击，准确率达到 99% 以上。在锁定侵权事实后，自动实现证据的抓取工作，接入司法管控，从而形成一个高效的安全纠纷维权链。

2021 年，蚂蚁集团在 ACM Multimedia 国际会议上创新提出了一种视频片段相似度和定位网络（Segment Similarity and Alignment Network，SSAN），主要由两部分组成：自监督的关键帧检测（Self-supervised Keyframe Extraction，SKE）和相似图侵权定位检测（Similarity Pattern Detection，SPD）。关键帧检测（SKE）主要用于提取鲁棒且有代表性的关键帧，去除相似冗余帧；相似图侵权定位检测（SPD）主要用于视频相似片段定位。整个 SSAN 可以端到端进行训练，得到目前现阶段最好的片段级别侵权定位的效果。

2022 年，蚂蚁集团在计算机视觉三大顶会之一的 CVPR 国际会议上发布了目前最大规模（超过现有其他数据集 2 个数量级规模）的视频侵权定位数据集，包括了超过 16 万对侵权视频对，28 万对侵权片段，并且涵盖了大量的视频领域和视频时长。在此基础上提出了全新的视频片段拷贝检测的评价指标，该评价指标充分考虑到了视频拷贝检测这个任务的特殊性，并且在实际场景下体现出了更好的适应性。提出了关键帧和侵权定位端到端的模型 SSAN 并达到了现阶段最高指标，并且将现阶段学术界的常见侵权定位算法进行复现、开源，形成了完善、全面的视频侵权定位 benchmark。

在解决侵权定位问题方面，鹊凿平台拥有领先全球的视频多模态技术，不仅依据视频的图像信息，还会综合考虑视频的音轨、文字（标题和描述）的信息来进行侵权定位。例如，A 视频 1～5 分钟侵权了 B 视频的 2～6 分钟，找到这个侵权片段的对应关系，就叫侵权定位。单一元素是很难精准定位的，需要使用图片搜索视频、音频片段搜索视频和文本信息等多种元素叠加，共同检索视频来定位。

精准高效的版权保护体系，吸引了荔枝、字节跳动、视觉中国、洛可可、虫虫音乐、新华智云等合作伙伴加入鹊凿平台。例如，鹊凿平台对华谊兄弟公司出品的热门影片《八佰》进行监测，共发现 1391 个平台存在侵权传播行为，获取点播侵权以及疑似侵权数共计 16900 条，累计发函数 15538 条，经维权累计处理下线 14492 条，整体下线率达 93.27%。

目前，鹊凿平台系统实际运行误判率趋向于零，已累计为 200 万部内容提供线上监测和版权保护，包括近期即将上映的女性题材电影《世间有她》。未来，平台还将不断深耕原创内容的海外版权保护，用科技助力创新发展。

文字识别的原理与图像识别本质上也是趋同的，在监测对比已有数据库信息时甚至比一般的图像识别更加容易。我们通常见到的 OCR 文字识别是用扫描仪、数码相机等特定的电子设备对带有文字的图像进行扫描[1]，然后识别其中的文字并翻译成计算机文字。在与区块链技术的结合应用中，用户上传的图文作品中的文字经扫描后确权存证，其所形成的历史数据库又加入后台的对比系统，用于检测新上传作品与网络中其他作品是否存在内容重复。原创内容的应用领域是复制抄袭的监测，非原创内容的应用场景包括证件识别、数字产权登记等。

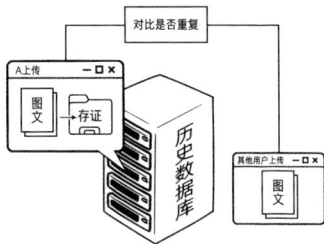

(三)区块链与语音识别技术的结合

语音识别技术的原理与图像识别相似，但语音识别需要将

[1] OCR（Optical Character Recognition，光学文字识别）是指电子设备检查被扫描版面上打印的字符，通过检测暗亮的模式确定其形状，然后用字符识别方法将形状翻译成计算机文字的一种技术，主要过程包括图像输入、黑白二值化、去除噪声、倾斜校正、版面分析、字符切割、字符识别、版面恢复等环节。该技术最早由德国科学家陶休克于1929 年提出，后又经美国、日本、中国等多国科学家改进，主要商业应用领域有车牌号识别、银行卡号识别、车架号识别，快递单号识别等。

人类语言通过一定的程序转换为可被计算机理解的单词。具体的过程包括编码和解码：音频波形转换为大小固定的声学矢量序列，也就是提取特征编码；根据给定的声学和语言学模型——传统的是隐马尔科夫模型（HMMs），解码器找到与输入的声学矢量序列最符合的单词序列。后来，由于隐马尔科夫模型存在种种不便，神经网络与深度神经网络模型被引入这一领域，但是可供计算机训练的数据数量有限依然是不可回避的局限。特别是小语种语音、地方方言、特殊环境语音等数据缺失，人们的日常用语发音往往夹杂了各种不标准因素，直接导致了目前的语音识别技术的辨识率不能得到提高。近年来，基于区块链的分布式人工智能系统受到研究者的重视，语音识别技术自然也不会拒区块链于门外。

从目前的产业实践来看，以区块链存证的作品版权信息数据库为基础的语音识别应用场景，以音乐区块链版权保护平台为代表。用户在相应平台发布音乐作品并使用区块链存证后，该音乐作品将被标注且保存于区块链上，转换成程序可识别的计算机语言。一旦有新的语音信息在此区块链中生成，经过训练的声学和语言学模型就会对其进行识别，如发现与数据库中的历史资料过于相似则判定为抄袭，再交由人工审核。同理也可以推广到对网络中其他可捕捉到音频资源的监测。针对数据数量有限的问题，Speaker 语音链是区块链与人工智能语音识别技术结合后落地的可借鉴应用之一。Speaker 语音链一方面集合了用户个人贡献的语音数据形成数据库，另一方面凭借区块链的智能合约功能也可保证每一位用户的回报。参与的用户数量越多，他们贡献的语音数据越大，需要这种人工智能语音识别的场景就越多，该项目的商业变现渠道也就更丰富。

此外，区块链去中心化的思想与深度学习结合还可产生语音识别的融合模型，处理现实中复杂的语言情景，应用于个人信息、公共安全、公司法务等领域。

【产业前沿】网络音乐的区块链解决方案——HIFIVE

音乐市场的蓬勃发展，离不开科技为原创版权的保驾护航，离不开音乐平台强烈的版权保护意识。面对网络空间中严峻的盗版复制、内容抄袭问题，如何在音乐创作后第一时间确认权属？音乐作品发布后，被抄袭、被侵权，又该如何帮助创作者维权？

成都嗨翻屋科技有限公司的 HIFIVE 是一家集合全球优质音乐版权内容资源的平台。平台引入蚂蚁链技术，完成人民法院、公证处、司法鉴定中心、国家授权中心等 20 多家机构参与的可信存证（司法链），为平台音乐人提供音乐作品登记、全渠道

发行、作品授权、智能监测、版权维权等一站式音乐版权发行服务。基于区块链进行版权保护后，作品将获得拥有唯一对应哈希值、不可篡改的证书，从源头保护自己的原创作品。若作品被搬运、被抄袭，平台的智能监测功能、存证证书将为创作者提供有力的证据支撑。

HIFIVE 的 CEO（首席执行官）周倩说："音乐作品权属复杂，版权问题一直困扰着行业的发展，而蚂蚁链提供的技术在源头上对音乐版权进行存证保护，音乐人和发行公司发布作品后更加安心。相信蚂蚁链技术的普及将大力改善音乐行业的版权问题，保障创作者的正当权益。"

（四）区块链与音乐信息检索技术的结合

我国数字音乐产业发展迅速，数字音乐版权保护在互联网背景下暴露出版权归属不清、版权交易失真、版权救济困难的问题。区块链技术对数据信息的保护和使用具有明显的难以篡改、安全高效优势，通过引入区块链技术，有利于明确版权归属，促进版权交易和加强版权救济。不过，区块链技术对数字音乐版权的保护也存在版权归属效果的僵化、版权各方使用受限和基础技术本身不够完备的问题。因此，利用区块链技术增强数字音乐版权保护需要兼顾法律的规制与技术的创新。

近 20 年来，我国音乐产业正如火如荼地发展，互联网上出现了海量的数字音乐。音乐大数据与人工智能相结合，产生了音乐信息检索技术（Music Information Retrieval，MIR），成为音乐科技领域的重要组成部分。MIR 以音乐声学为基础，基于音频信号处理和各种机器学习技术提取音频特征。基于内容的音乐信息检索技术直接对音乐进行分析，从中提取内容特征，然后利用这些内容特征建立索引并进行检索。提取的一个常见特征是梅尔频率倒谱系数（MFCC），它是衡量音乐音质的量度。也可以采用其他特征来表示琴键、和弦、和声、旋律、主音高、每分钟的节拍或节奏。

借助区块链的不可篡改优势，区块链存储技术与音乐信息检索技术相结合，将音乐类作品的版权信息写入区块链的数据库，让人工智能对区块链数据库与网络中的音乐类作品进行比较，从而发现侵权内容。这种技术实则包含四块系统：大范围音乐捕捉、特征提取模块、倒排索引模块和精匹配模块。特征提取模块是对音乐文件的表示，采用音乐指纹特征；倒排索引模块是将特征作为关键词，由歌曲库的特征建立倒排索引，根据相同关键词多少返回索引结果；精匹配模块是结合音频特征间的时序关系，采用改进的编辑距离作为两个特征序列的相似度，以此优化索引结果。

【产业前沿】蚂蚁链鹊凿的音乐检索和比对功能

蚂蚁链鹊凿平台独有多媒体溯源技术，可自动追踪覆盖海内外媒体站点，进行高精度音乐的 DNA 比对、快速高效的版权确认。利用音乐大数据无监督学习技术训练旋律抽取模型来提取旋律，作为音乐指纹，具有很好的鲁棒性，无论压缩调幅程度和噪声干扰如何，都能够准备识别歌曲且效率较高。其具有将未标记的音乐片段链接到对应的元数据（艺术家、歌曲名称、曲风类别等）的功能，同时可用于识别音乐样本、版权存证。当识别样本后，与数据库中类似样本作对比，从而可以在登记版权之前进行查重并做出盗版检测，在发生版权纠纷时能够有效保护版权。

五、区块链全程记录提供侵权证据

中国互联网络信息中心（CNNIC）发布的第 49 次《中国互联网络发展状况统计报告》显示，截至 2021 年 12 月，我国网民规模达 10.32 亿。虽然我国互联网普及率不断上升，但是随之而来的问题也不断出现，尤其是在网络中实施侵权行为，如未经许可使用他人原创作品、未经许可进行网页转载和数据上传、实施深度链接、"洗稿"等现象层出不穷。而且互联网的瞬息万变，侵权手段越来越隐蔽，侵权行为人可以随时删除相关侵权作品，或者更换个人账号 ID，从而使得侵权证据难以及时保存，权利人难以维护自己的合法权益。随着区块链技术的普及和推广应用，区块链技术在司法实践中也逐渐得到司法机关的认可，越来越多的人通过区块链技

术来存证取证，积极维护自己的合法权益。

（一）区块链存证取证的技术原理

链平台之后，区块链会以节点的方式将作品的相关数据存储在链上，一旦上传至区块链平台中，区块链上所有的节点都会同时记录和存储相关的作品信息，以确保整个区块链数据的一致性。也正是拥有这一特性，区块链技术在司法实践中得到了认可，尤其是在举证、质证方面。

区块链取证，本质上是利用了区块链技术在信息传输方面的全痕记录且不可篡改等优势，通过时间戳证明电子作品产生的时间及内容的完整性，以及通过数据记录完整地呈现对方复制、编辑、传输等侵犯著作权的过程。另外，由于区块链可以永久保存区块中的信息，可以随时获取相关的数据证据，因此不必担心后续因证据缺失导致无法举证的问题。

版权保护平台主要建立在联盟链基础之上，一些区块链版权保护平台与法院、公证机关建立了合作，可以借助联盟链的优势省去证据公证成本，从而大幅提升举证的效率。区块链的不可篡改和全留痕等特征，在很大程度上赋予了其"被信任"的背书，从而帮助著作权人在诉讼过程中获得更多的优势。

（二）区块链存证取证的司法应用

随着区块链技术的安全性广为人知，利用区块链进行存证取证也逐渐受到司法机关重视。2018年，杭州互联网法院率先在实践中认可区块链技术存证取证的效力，在杭州华泰一媒文化传媒有限公司诉深圳市某科技发展有限公司侵害作品信息网络传播权纠纷案中，某科技公司未经授权擅自转载使用华泰一媒公司享有信息网络传播权的作品，华泰公司向法院提交的正是上传至区块链的信息记录，第三方司法鉴定中心则对其进行了验证（参考下文【司法实践】杭州华泰一媒诉深圳某科技公司网站侵害著作权案）。该案件是国内第一起使用区块链技术举证维权并胜诉的案例，为我国的司法实践提供了借鉴经验。同年9月，最高人民法院发布的《关于互联网法院审理案件若干问题的规定》（法释〔2018〕16号）则是我国首次以司法解释形式，对使用区块链技术电子存证法律效力的认可。

【司法实践】杭州华泰一媒诉深圳某科技公司网站侵害著作权案[①]

2018年，深圳某科技公司在其运营的女性时尚网站上发

[①] 详情参见杭州互联网法院民事判决书 (2018) 浙 0192 民初 81 号。

表未经许可的作品后，被著作权人杭州华泰一媒文化传媒有限公司起诉至法院。华泰公司通过第三方存证平台对侵权事实予以取证，并将相关数据计算成哈希值，上传至比特币区块链和Factom区块链中形成区块证据链存证，以此向法院请求判令被告公司承担侵权责任。法院认可了华泰一媒提交的电子证据，最终判决华泰一媒胜诉。

在诉讼过程中，华泰一媒将该侵权网页的URL通过API接口传输至保全网，申请对侵权网页进行固定。保全网收到该请求后，在阿里云的环境下，由后端代码通过调用谷歌开源程序puppeteer插件对目标网页进行截图，并产生操作日志，记录调用时间和处理内容。后端代码再通过调用curl（URL语法在命令行方式下工作的开源程序）插件获取目标网页源码和相关调用信息，并产生操作日志、记录调用时间和处理内容。之后保全网将上述截图、网页源码进行打包并计算其SHA256哈希值，同步上传至FACTOM区块链和比特币区块链中。

浙江千麦司法鉴定中心对上述抓取过程运用的技术内容进行了说明并予以确认，比如访问千麦鉴定所在阿里云服务器FACTOM区块链节点地址，输入华泰一媒公司提供的涉案电子数据的交易哈希值，进行比特币区块链查询检验分析，对比打包文件哈希值与FACTOM区块链存放的内容是否一致。

杭州互联网法院认为，该种固证系统的操作过程是按照取证系统事先设定好的程序由机器自动完成的，取证、固证全过程被人为篡改相关链接的可能性较小，故该电子数据来源可信性较高；千麦鉴定所对保全网中使用 puppeteer 和 curl 程序进行网页截图和源码调取的技术性进行了鉴别并确认。因此，法院认为深圳某科技公司确实侵犯了华泰一媒的信息网络传播权。

由于区块链技术的存证取证效力得到最高人民法院的权威认可，司法实践中涌现出越来越多的案例，借助区块链技术存证取证，进而维护著作权人的合法利益。如"北京时间"公司主动引入蚂蚁链技术，利用区块链技术不可篡改、去中心化等特殊性加强原创内容的版权保护，让人民法院、公证处、司法鉴定中心等国家机构共同见证的可信存证（司法链）服务于新媒体数字版权内容，为媒体创作者提供保护伞。当作者遇到侵权问题时，司法机构可以根据链上信息直接取证，提升审判效率。

在其他司法实践中，杭州日报集团旗下一媒体公司在维护版权的司法诉讼中，通过第三方存证平台，利用区块链技术对侵权网页进行抓取和源码识别，为原告的诉讼维权提供了有力证据。广州瑞创文化传媒有限公司通过提交区块链存证平台上涉案文章的哈希值证明，法官当场校验认定被告构成侵权，为原告的版权维权提

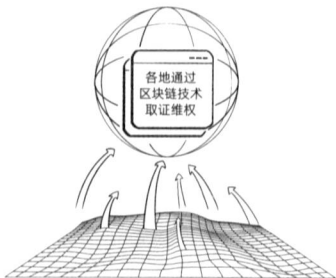

各地通过区块链技术取证维权

供完整证据链。为了适应新技术发展带来的变化，自 2019 年上半年以来，全国多个法院陆续开始打造基于区块链技术的电子证据平台，为案件审理提供便利。其中最知名的是杭州互联网法院，2018 年 9 月时该机构就宣布司法区块链平台正式上线运行，成为全国首家应用区块链技术进行审判的法院。

【产业前沿】杭州互联网法院助力网络著作权纠纷 [①]

2017 年 8 月 18 日，根据中央全面深化改革领导小组审议通过的方案，杭州互联网法院挂牌成立，集中审理浙江省杭州市辖区内基层人民法院有管辖权的六类涉互联网一审民事、行政案件，开启了中国互联网案件集中管辖、专业审判的新篇章。

通过制度创新和信息技术应用，打破时空限制，实现全流程在线办案，方便群众诉讼，提高审判效能。登陆杭州互联网法院诉讼平台，当事人通过勾选和填充表单式的结构化选项，5 分钟内即可完成起诉立案申请。立案后，系统自动生成相关法律文书并加盖法院公章，以短信、语音、电子邮件等电子方式进行送达。在举证及质证环节，系统会自动提示证据交换动态，便于当事人利用空余时间完成诉讼。庭审以视频方式进行，当事人只需一台电脑或者手机，足不出户便可参与庭审。庭审时，电子证据通过诉讼平台在线展示，双方围绕争议焦点进行调查和辩论，语音识别系统实时生成电子笔录，大大缩短了庭审时间。

杭州互联网法院充分发挥和利用当地的资源，与阿里巴巴集团开展合作，如借助蚂蚁链技术开发区块链智能合约司法应

---

① 详情参见杭州互联网法院官方网站 http://hztl.zjcourt.cn/index.html。

用，打造网络行为"自愿签约—自动履行—履行不能智能立案—智能审判—智能执行"的全流程闭环，实现版权的保护和交易。另外，杭州互联网法院还与蚂蚁链合作，建立了"杭州互联网法院区块链"平台，设有版权链、合同链、金融链等多个业务板块，并与公证处、司法鉴定中心、法院等进行链接，为平台的权威可信提供保障。

杭州互联网法院院长杜前表示，依托区块链技术，平均为当事人每人每案节省开支近 800 元，节约在途时间约 16.8 小时。如在"成都五二天科技有限公司、孙某犯侵犯著作权罪案"中，五二天公司在经营吹妖网过程中，以营利为目的，未经著作权人许可，通过信息网络向公众传播他人作品合计为 8238 部，侵权行为持续了半年之久，由于侵犯的作品数量繁多，证据搜集过程复杂，法院前前后后花了 4 年多的时间审理该案件。相比较之下，借助区块链进行存证取证，可以通过提供有力的证据提高诉讼效率。

【司法实践】北京华视聚合文化诉上海某网络科技公司侵害著作权案 [①]

2019 年，上海某网络科技有限公司未经授权许可在其公众号上传电影《羞羞的铁拳》，用户登录网页后可以搜索和完整播放该电影。对此，著作权利人北京华视聚合文化传媒有限公

---

① 详情参见北京互联网法院民事判决书（2020）京 0491 民初 10212 号、北京知识产权法院民事判决书（2021）京 73 民终 1225 号。

司申请了可信时间戳电子证据固化保全证据，并提起诉讼。在
2020 年的案件一审诉讼过程中，上海某网络科技有限公司对北
京华视聚合文化传媒有限公司提供的证据表示否认，不认可一
审法院作出的侵权赔偿判决。

2021 年，二审法院依然认为，2018 年《最高人民法院关
于互联网法院审理案件若干问题的规定》以司法解释形式对可
信时间戳及区块链存证方式进行了法律确认。该案涉案取证行
为已最大限度地排除了因操作者不当介入、操作设备不清洁、
网络环境不真实等因素可能对取
证结果造成的影响，保证了电子
数据生成、储存方法的可靠性，
并且较大程度上保证了证据真实、
有效、无被篡改的可能性。因此，
法院认定上海某网络科技有限公
司侵犯了北京华视聚合文化传媒
有限公司的作品信息网络传播权。

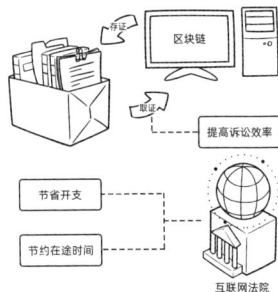

在上述案例的二审诉讼过程中，法院借助区块链证据简洁
明了地说明了作品版权归属问题，驳回了上诉人的不合理说法，
案件诉讼过程也更为简洁高效。区块链技术在司法实践中的优
势显而易见，在此之后被多家法院陆续采用。如吉林省 90 余家
法院上线区块链电子证据平台，成都市郫都法院等全国范围内
的法院也陆续在司法实践中引进区块链电子证据。浙江大学光
华法学院赖利娜博士、李永明教授通过梳理 158 篇有关利用区

块链诉讼维权的裁判文书，统计发现利用区块链技术进行存证的案例胜诉率普遍高，一审原告胜诉的案例高达 148 件，占全部案例的 94%。由此可见，利用区块链技术进行存证取证，可以为著作权人提供可靠的维权证据，为著作权人的创新创作保驾护航。

六、区块链提供安全便捷的版权交易平台

通过智能合约，区块链平台上的用户可以与著作权人进行交易以获得相关作品权利，同时全程记录每一笔交易，并且全程跟踪作品在网络中的传播轨迹。智能合约是一种基于区块链的真实稳定的、可全自动执行交易过程中验证、传播、结算等环节的协议。在没有第三方的情况下，所有交易都被程序化为诸如"If-Then"的自动执行模式，经由合约模块、执行模块、区块链模块三部分，通过预定的转换规制、触发条件以及对应的操作，以程序代码的形式附加在区块链数据上，自动完成版权交易活动。简单来说，类似于交易双方在一个封闭的区块链空间中，著作权人将作品设置好价格和注意事项，如同"自动贩卖机"一样，其他人若想获取相关作品，只需要按照要求即可获取，

整个过程都被全程记录，且可追踪。

（一）提高交易效率，降低交易成本

传统的著作权交易主要以个人面谈、商业代理、著作权集体管理的方式进行，虽然这些方式具有一定的优势，但是由于著作权交易合同的签订具有一定复杂性，涉及授权使用的具体方式、范围、时间、价格等多方面因素，在信息技术高速发展的当下，这些传统的方式显然已经"捉襟见肘"。

著作权交易的传统方式主要包括个人交易与商业代理两种。如果以个人面谈方式进行交易，一是对双方的时间安排提出了一定的要求，当交易的人数过多时，著作权人面对大量的授权使用，需要耗费大量的时间和精力；二是他人想获得作品版权时，可能面临难以找到作品著作权人的情形，甚至出现交易诈骗的情况。即使想要购买作品的一方找到了著作权人，双方还需要继续完成签订合同、交付作品等流程，需要再次进入复杂的操作程序。

若以商业代理的方式进行著作权交易，虽然著作权人可以节省自己的时间和精力，但是交由商业代理公司也存在两方面的问题：一方

面是商业代理公司可能存在不规范的操作，如对作品定价过高
或过低，甚至违背作者意愿进行著作权交易，损害作者利益；
另一方面是商业代理公司会收取一定的代理费用，不仅加重作
者的成本，也会使得作品价格上升，从而使得作品交易价格失
去竞争优势。中小企业在与大 IP 供应方进行商业合作时往往面
临较大的困难。

　　著作权人若将作品交由著作权集体管理组织，同样存在一
定的不足：首先，著作权人一旦将作品交由著作权集体管理组
织，《著作权集体管理条例》
第二十条规定，著作权人在授
权著作权管理组织代为行使权
利后，不能在约定的期限里自
己使用或者许可他人使用原著
作权人享有的权利。因此，著
作权人在将自己的作品交给集
体管理组织管理，即是让集体管理组织全权代理作品的各项著
作财产权许可，著作权人自己则不得再行使此类权利，限制了
作者的权利行使。其次，著作权人不仅需要交付一定的管理费用，
而且著作权集体管理组织也会抽取一定比例的收益，在价格的
设置方面缺乏相应的监督机制。当出现侵权现象时，著作权集
体管理组织在维权方面也不够积极。因而在传统的版权交易过
程中，不仅时间和金钱成本高，作品版权的交易效率也大幅降低。

　　但是在区块链技术的加持之下，以往著作权交易过程中所
存在的问题都能够得到很好的解决。首先，著作权人在区块链

平台中上传的作品都有唯一的哈希值、时间戳等密码信息，并通过共识机制和分布式账本，实现整个区块链信息的一致性，确保了作品的真实性、安全性和可靠性。作品上传完成之后，著作权人可以自己设定作品的价格、限定作品使用方式等内容，购买者搜索到相关作品即可以直接购买，并且整个的购买流程都会被记录。其次，借助区块链技术中的智能合约功能，即使面对海量的版权交易授权使用，也能够同时进行。著作权人可以设置多种版权交易条件，购买者可以根据自身的需求选择适合的版权交易条件和模式，大幅提升了版权交易的效率。另外，由于区块链本身是一个去中心化的技术，即没有第三方监控掌管，每个人都可以将作品上传至区块链平台并进行交易，跳过了第三方如著作权集体管理组织的中介，为作品版权购买者和著作权人双方提供了一个直接交易的平台，很大程度上节省了交易的时间和金钱成本，促进版权的交易。

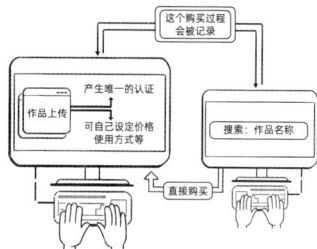

（二）协调著作权利益分配

根据我国《著作权法》的规定，作品可以分为独作作品和合作作品，即作品的作者可以是单独的自然人或法人，也可以是多个自然人或（和）多个法人。随着互联网创作的逐步推进，效率高、速度快的多人共同创作的方式越来越受到人们的青睐。如一部教材的编写，可以由多个学者对不同的章节同时进行创作，从而大幅提高共同创作的效率。在共同创作完成的作品中，每一位参与创作的作者都应得到相应的回报。这就存在如何厘清各个作者在作品创作中的贡献大小，合理地分配版权利益的问题。在现实生活中，除非合作作者之间有明确的约定，否则往往难以具体确定各个作者的具体贡献。

如果是借助区块链进行作品的合作创作，则可以通过全程追踪的形式，准确记录每一阶段的创作过程，反映出每一位作者在作品创作过程中所付出的努力和贡献大小。在此基础之上，智能合约机制根据每一位作者的贡献大小来制定具体的利益分配协议，并在区块链上生成，进而形成智能交易程序。通过全程透明公开的交易数据，打破合作作者之间、作者与作品版权购买者之间，甚至是平台中介与交易双方等主体之间信息不对称、不平等的问题，将作品版权交易所获得的每一笔利益合理分配到每位合作作者手上。如日本在 2018 年发布的"知识产权推进计划"中，明确提出了在今后利用区块链技术，构建著作管理及利益分配系统的计划目标，以期实现更高效、便捷的创作利益分配机制。

目前，国内已有多家区块链版权交易平台上线，协助多个

主体之间的利益分配。例如，天猫 IPmart 就提供了一种按件智能分配的版权合作模式。基于蚂蚁链的区块链技术，IP 的线上授权交易也可以"按件付费"，即每售出一件 IP 授权类商品，平台就会自动完成实体商品制作发行者与 IP 授权方的收入分成，为中小规模的企业、商家、作者提供参与 IP 衍生市场的机会。可见，借助区块链技术进行版权交易，不仅能够提供一个安全稳定的交易场所，降低版权交易的风险，吸引更多的版权创作与使用者加入，同时也能够解决作品版权利益分配不合理的问题，更好推动版权交易市场朝着健康有序、高效便捷的方向发展。

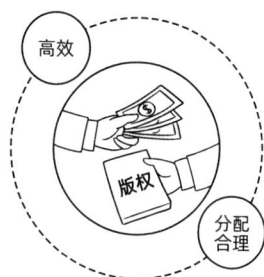

区块链技术下的版权交易

【产业前沿】线上 IP 零售的解决方案——天猫 IPmart

IPmart 是天猫携手蚂蚁链为 IP 版权方、设计师、插画师和品牌商家搭建的一个新平台，聚焦 IP 授权交易服务。IPmart 主要由 IP 版权中心、IP 运营中心、IP 合约中心和 IP 生态联盟四个板块构成，对应 IP 的选择、授权、交易、研发、发行等步骤。同时，IPmart 引入蚂蚁链技术解决 IP 产业授权交易中的信任问题，开创了一个全新的版权合作模式：入站注册的卖家与买家基于平台管控的 IP 数据库实现 IP 供需的智能匹配，随后快速对接；采取按件分成模式，降低商家用正版 IP 的门槛及风险；IP 商品完成在线交易后，平台立即结算收入并分发给协约议定的参与者。因此，IPmart 创新地形成了一种 IP "零售"模式，不同于传统的"批发"（买断）IP。

以 2021 年"6·18"期间在李佳琦直播间露脸的一款由纹藏中国和天猫服饰商家 Primeet 联合出品的"纹藏清浊二气纹"提花短袜为例，借助蚂蚁链上清晰留存的每件商品的交易记录，每通过平台出售一双袜子，IP 方纹藏中国就可以通过平台的区块链智能合约获得 2.6 元的 IP 授权费（按照一双袜子 52 元零售价，5% 的 IP 费用计算）。Primeet 品牌主理人陈才反馈，"通过 IPmart，我们不仅有了正版保证，还能低门槛地使用优质 IP，创新的试错成本更低了"。

可见，天猫 IPmart 通过合理分配收入的方式大大降低了实体厂商与 IP 供应方的协作成本，利用长尾效应带来的市场红利吸引越来越多的人加入 IP 授权实体化商品市场。目前，在天猫 IPmart 入驻的 IP 供应方数量已经超过 250 个，其中多数是我国本土 IP，包括"国家宝藏"、"中国国家博物馆"、"敦煌美术研究所"、动漫"伍六七"、"B.Duck 小黄鸭"、"元气食堂"等。

七、当前区块链技术在著作权保护中的不足

不可否认，相比已有的传统版权保护模式，区块链技术时间戳与哈希值能够赋予作品唯一的 DNA 编号，不可篡改性和全痕记录能够对侵权行为进行追踪，智能合约能够提升版权的

经济利益，这些确实为著作权提供了更新颖、实用的积极保护方式，但是另一方面，由于技术具有中立性，区块链技术也存在被利用以侵害版权的负面风险。

（一）区块链存在被侵权者恶意利用风险

在区块链中上传发布作品即属于行使发表权，发表权属于作者的一项人身权权利，借助区块链技术能够更好地保障并实现著作权人身权和财产权。目前版权保护制度所存在的不足，不能仅仅依靠区块链技术得到补缺。由于技术具有中立性，因此当人们过于追求个人利益时，会不当地利用现阶段先进的技术实施侵害著作权的行为。例如在传统的侵犯著作权行为中，侵权行为人往往会将他人未发表的作品进行上传发表。在区块链平台中，侵权人也可能会利用区块链技术进行非法抢注发表。

值得注意的是，在作品被他人抢先发表确权问题上，如果能够充分发挥区块链技术的优势，也能够为著作权人提供反制措施，即作者在创作过程中可以利用区块链技术进行阶段性存证，这样就可以拥有完整创作的证据链，

更好地保护作者权利。这也是传统的作品版权登记所无法解决的问题。

(二)目前某些区块链平台仍然存在霸王条款

垄断性平台为了获取更多利益，会利用区块链技术限制或压缩著作权人的利益。现阶段主要是借助第三方区块链平台对著作权进行认证和保护，区块链版权认证平台给用户带来认证便利的同时，也存在侵害作者版权利益的风险。例如某些平台的用户协议中，对作者的知识产权保护存在霸王条款的规定，一些内容平台对作者上传的作品享有免费使用、展览和汇编的权利，也可用于其产品服务和宣传上，强行将作者的版权利益授权给平台。

需要指出的是，出现这一现象的主要原因在于区块链发展仍然处于比较早期的阶段，占据市场主导地位的仍然是传统的大型垄断平台所开发的联盟链体系。在区块链技术逐步成熟，市场逐步完善后，相信这一现象将会得到根本改观。

(三)区块链新型共享观念被社会接受仍需时间

现在的信息互联网因充分自由的共享而备受人们青睐，因而当优质内容或有用信息的传播被控制时，就很可能会对人们免费获取和使用的习惯造成冲击。区块链从技术上强化了版权人对其作品的专有权控制，与信息互联网时代缺乏版权保护和版权收益分享的共享模式存在根本的不同。在区块链上，人们不再能够像传统互联网那样随意复制和共享传播，而是需要遵循智能合约设定的版权保护规则、版权付费规则和版权收益分配规则来进行内容的获取与分享。这一理念和行为方式的根本转变，需要社会公众有一个理解和接受的过程。

在现行的《著作权法》中设立了合理使用制度，即他人在法律规定或作者无保留相关权利的条件下，可以直接无偿使用已发表的享有著作权的作品，而无须经著作权人许可。同时也设立了法定许可使用制度，即无需经过著作权人同意，但是需要向著作权人支付报酬。合理使用和法定许可制度在著作权人个人利益和社会公共利益之间实现了一定的平衡，在著作权制度中起到"安全阀"的作用，对著作权制度的合理有序施行起到推动作用。在未来的区块链体系完善过程中，也需要借鉴《著作权法》的有关精神，尽可能科学地实现个人利益与社会利益的有机协同。

八、区块链应用于著作权保护的发展方向

由于当前国内区块链技术正处于起步发展阶段，根据目前的技术发展和著作权保护现状来看，仅仅依靠区块链难以实现对著作权的全面保护。因此，要想让区块链技术在著作权保护中发挥更大的优势，还需要与其他技术相结合，遵循国内法律

法规及相关政策。

（一）与大数据、人工智能等技术结合

信息技术的发展一方面为著作权提供了新的保护，但与此同时也使得侵权行为更具有隐蔽性和先进性。面对海量的侵犯著作权行为，可以充分结合当下较为成熟的大数据、人工智能等技术，如利用爬虫等技术对侵犯著作权行为实施自动抓取，结合哈希值等校验方法，自动对相似的作品进行分析识别是否存在抄袭，保存相关数据并及时提醒著作权人；通过大数据自动获取并分析作品在网络中最早出现的时间节点，结合区块链中作品上传的时间戳，分析判断作品是否存在被恶意抢注的情形；根据作品市场价格信息，对作者上传的作品价格提前设置合理的价格区间，避免价格过高限制他人对作品的获取；同时也可以结合过滤技术措施，对上传至区块链中的作品进行智能审核，筛除涉及色情、反动等不符合社会主义核心价值观的内容，避免对所有上传的内容进行保护，从而使区块链在著作权的保护应用中更具有"智慧"。

随着互联网技术的创新发展，将新兴技术与区块链技术相融合，发挥不同技术在著作权保护中的优势，弥补区块链本身存在的不足，是今后区块链技术的重要发展方向和趋势。另外，当前区块链版权保护平台都是由第三方提供，面对区块链著作权保护平台对作者权利的限制情况，监管部门需要加强对该类平台的监管。如规范区块链版权保护平台的用户协议，给予著作权更多的选择权利，避免平台出现"霸王条款"损害著作权人的利益。

【产业前沿】融合大数据和区块链技术保护版权——"人民版权"

2019 年，人民在线和微众银行基于人民云大数据中台"数据蜂巢"，结合区块链思维联合研发并推出基于人民云的一站式版权保护管理平台"人民版权"。"人民版权"是区块链中的联盟链，其主要节点包括国家政府机关、主流权威媒体、大型出版集团、互联网法院、仲裁公证机构等，共同构建起版权保护联盟链。大基数、高频率、广覆盖等特点保证了"人民版权"在我国新闻区块链版权检测领域的权威与领先地位。具体而言，"人民版权"采取一站式的保护方式，大幅降低了媒体在版权维权司法诉讼中的取证成本，不仅为"人民版权"的运行提供权威背书，同时在"人民版权"平台上还可以实现版权认证、取证、维权、诉讼全流程线上化。

值得注意的是，"人民版权"并非单纯借助区块链技术，而是在原有大数据基础之上，融合区块链技术打造版权保护平台。"人民版权"基于人民在线的全网信息采集能力和自然语言处理能力，可以实时对确权文章进行全网转载数据的监测和比对，自动发现疑似侵权转载行为，支持线上一键取证上链，降低取证成本，并可导出可信的电子存证。

（二）与法律规范相衔接保障公共利益

站在人类社会发展的角度来看，技术的进步发展最终都是为了推动人类社会进步，区块链技术也不例外。虽然区块链技术对著作权提供了更好的保护途径，但是其保护方式相对较为封闭和僵硬，对合理使用的空间造成了一定程度的压缩。因此，为了保障公众对作品的合理使用，确保我国文化市场的繁荣发展，区块链技术需与相关法律进行对接。如规定时事新闻不得上链，以保障公众对时事新闻的获取。根据我国《著作权法》对作品版权的保护期限，还可以结合人口数据信息，在作品智能合约中嵌入相对应的时间计算程序并实时更新。当超过法律规定的保护时间后，作品自然进入公共领域，他人可以自由获取该作品的内容，从而突破著作权人利用智能合约可能引发的过度垄断现象，以保障公众的文化需求。

除此之外，《著作权法》制定的目标是对版权予以保护，并非对作者滥用版权的支持。因此，需要防止著作权人利用区块链技术滥用版权损害公共利益的行为出现。区块链智能合约

可以为大量的版权交易提供
自动化合同授权，极大地促
进了版权市场交易。值得注
意的是，由于智能合约进一
步强化了著作权人对作品的
控制，对于养成了"网络免
费"观念的中国网民而言或

时事新闻开放　　　　作者死后50年将作品开放

许仍需要一段时间去适应。对于此类行为，一方面可以对作品
价格提供指导规范，保障作品市场秩序；另一方面可以设置使
用人合理使用申请反馈机制。比如基于个人研究、教学、新闻
报道等目的使用某幅作品，通过申请并递交相关材料，由无关
联第三方权威机构进行审批，并对作品的使用进行全程追踪，

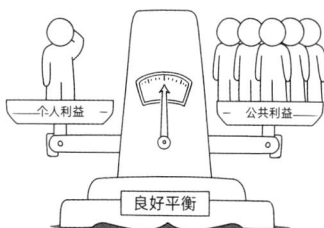

从而在充分保护作者的著作权
利益基础上，实现个人利益与
公共利益之间的平衡，促进文
化作品的传播流通和社会文化
事业发展。

（三）与现行司法体系进一步深度融合

虽然国内区块链技术在研究和应用方面已经取得一定的成
就，但是总体而言仍处于起步阶段，与西方发达国家相比仍有
一定的差距。因此，在今后的区块链研发和应用中，一方面需
要加强技术的创新研究，第三方平台可在区块链中设置举报反
馈机制，对恶意抢注、侵犯他人版权的纠纷进行诉前受理，并

将侵权行为人列入黑名单，禁止其今后使用区块链平台，以此提高区块链版权保护平台的积极作用。

另一方面，在区块链应用的初级阶段，区块链平台需要更多地与政府、法院、检察院、司法鉴定中心、仲裁机构等现行机构开展合作。目前虽然有部分法院已经开展区块链技术的应用探索，但是总体比例仍处于较低水平。区块链技术作为一种新兴的技术，不仅仅是在著作权保护方面具有明显优势，在其他领域如数字政务、数字证据、数字藏品等方面也具备其他技术所没有的先进性和安全性。而区块链技术的应用、推广和普及，除了需要平台自身的推广，在现阶段仍然需要官方权威机构的支持，以提升区块链版权保护平台的可信任度。与此同时，与权威机构开展合作，可以尝试共同建设一个更安全可靠的区块链版权保护平台，覆盖更全面的功能，为著作权的确权、交易、诉讼等业务提供一站式服务机制，助力我国文化产业的高速和高质量发展。

第四章

区块链数字藏品的普及与著作权保护

　　互联网技术的高速发展，很大程度上推动了产业的变革，而这在文化产业领域表现得更为明显。文化产业能够得以健康快速的发展，其重要前提在于文化创作拥有一个完善的保护和激励机制，其中最核心的部分就是文创产品的创意成果能够得到有效保护。随着电子产品的日益创新和普及，人们往往会借助笔记本电脑、手机或其他便携式设备进行创作，因此，文化创作越来越远离纸质化，数字化已经成为文化创作和呈现的主要方式之一。与此同时，区块链技术对作品创作和著作权保护的巨大影响力也辐射到了整个文创产业，除了独立技术制作的区块链内容产品（如加密类游戏等），还产生了数字作品

融入区块链的数字藏品，目前正在成为新兴业态。

2021 年 3 月 11 日，加密艺术家 Beeple 的数字作品《每一天：前 5000 天》（*Everydays: The First 5000 Days*）在纽约佳士得拍卖网上以 6935 万美元的价格成交，举世震惊。此后，推特创始人杰克·多西、歌手史努比·狗狗、艺术家村上隆、演员帕丽斯·希尔顿、球星姚明等纷纷售出自己的 NFT 产品（即数字藏品），公众视野一时间汇聚于 NFT 领域。根据 DAppRadar 网站的统计，在 NFT 平台交易总量方面，OpenSea 的交易规模已超过 300 亿美元，Axie Marketplace 以 40 亿美元紧随其后；就单个 NFT 项目而言，像素图像 CryptoPunks 和数字卡牌 NBATopShot 的销售量亦分别达到了 29 亿和 9 亿美元。与之相比，2020 年时 NFT 产业的全球市场规模仅为 3.38 亿美元。人们遂将 2021 年称为 "NFT 元年"。伴随各种类型数字作品项目的启动，一个以内容为核心的 NFT 版权产业正在浮现。

一、区块链数字藏品的基本原理与特征

数字藏品一般是指使某件数字作品、艺术品的全部数据信息按照区块链的算法生成唯一编码，并写入区块链赋予其不可篡改的属性，数字作品、艺术品的唯一编码和内容共同构成版权方和消费者进行发行、购买、收藏和使用活动的对象。我们要区分某一件数字艺术品是否为数字藏品时，可以从以下三点本质辨别：①由区块链技术的应用原生而来；②使用 NFT 技术在区块链上进行标志，记录数字艺术品的创作者、权利归属、使用说明、发行方等版权信息；③借助区块链创造的唯一性而具有稀缺性和收藏价值，不能像一般数字作品无限复制。目前，国内的数字藏品已成为行业热点，不过其总体发展正处于起步阶段，具体的种类包括数字图片、音乐、视频、3D 模型、电子票证、数字纪念品等。蚂蚁、腾讯、百度等互联网公司纷纷开展了数字藏品相关业务。例如，蚂蚁集团发起了名为"宝藏计划"的数字藏品系列，先后已有 17 家大小级别不同的博物馆成为其合作方，以馆藏文物作为数字藏品的内容素材，借助区块链技术探索中华文化新的传承与保护方式。

过去，版权保护技术的不足使得数字作品交易与收藏始终面临诸多挑战和困难，其中很大一部分原因在于版权保护技术发展不成熟，任何人一键

如何保护需要受到重视……

数字作品

复制就会使辛辛苦苦创作出来的
作品在全网传播、被世界各地的
网民任意下载，而且成本几乎为
零。即使数字作品被打上"防伪
编码"，人们仍然可以通过各种
破解技术突破限制，复制其数据
进行传播和使用，从而导致大量
数字作品的著作权被侵害，数字作品的收藏价值也随之被消解。

艺术品收藏是版权交易市场的重要组成部分，如今越来越
多的创作者开始涉足数字艺术品创作。然而，由于艺术品行业
的特殊性，传统的"平台服务"模式显然无法移植到这一领域，
稀缺性与价格的矛盾将越来越凸显。由于无法充分限制复制，
加之非法传播，数字艺术品丧失了稀缺性，既不利于版权交易
市场的全面展开，也使提供服务的平台获得了更多的议价权，
创作者的权益难以得到有效保障，一定程度上加剧了消费者对
版权保护的轻视。

随着区块链技术的出现，数字作品纷纷上链成为区块链数
字藏品，数字作品交易与收藏市场也随之迎来新的发展机遇。
借助区块链技术，可为锚定的相关产品提供唯一确定的所有权
证明。区块链技术可以将作品（包括现实作品和虚拟作品）的
创作者、所有权、创作时间、交易记录及使用规定等相关信息
上链后生成一串唯一编码，进而对作品进行著作权确权。这本
质上其实是一种数字资产凭证，使得数字藏品可以像实物产品
一样进行交易买卖。相比普通数字作品可以被无限复制，区块

链数字藏品数量是有限的且具有唯一标识码，稀缺性使之产生了收藏价值。当前区块链数字藏品市场方兴未艾，将数字作品铸造成区块链数字藏品进行交易流通的行为本身富有先锋意义。

可能有人怀疑，如果数字藏品的拥有者在网络上进行交易，将数字作品展示出来，他人一键复制不就可以获得该作品了么？其实这种担心是没必要的。建立在区块链基础上，让数字藏品的所有权转为一串密钥，即使他人复制，也只能复制相关作品的一个"躯壳"，无法获取数字藏品真正的"灵魂"，即数字藏品的版权"背书"。缺乏版权背书的"灵魂"支撑，复制行为失去了真正意义上的收藏价值，自然也无法进行交易，也就不具备市场价值。

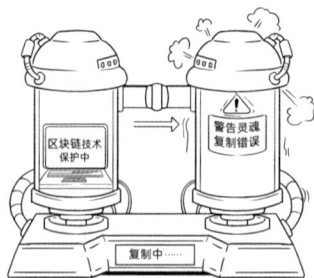

数字藏品的底层技术是区块链。区块链技术的出现，在很大程度上为数字藏品产业的健康有序发展注入了活力。截至目前，国外一大批与漫威漫画、DC漫画、《小王子》《星球大战》等IP结合的区块链艺术品先后问世，也诞生了加密猫（CryptoKitties）、幻想生物（Axies）等原创虚拟IP。

借助区块链技术的梅克尔树、哈希值、时间戳、智能合约等特殊机制，数字藏品的交易记录可追溯跟踪，篡改数据的成本代价极其高昂。NFT 版权的唯一确定性正是基于此架构之上的集体信用，来源有问题的 NFT 无法得到市场的认可。与人们熟知的比特币、以太币等同质化虚拟货币不同，区块链数字藏品锚定了现实或是虚拟存在的某种物件（作品、虚拟道具、证书、票据等），代表了产品的实际价值，不可再分割，又彼此相互独立。每一件数字藏品对应唯一确定的所有者，数字作品的"无限复制"与"唯一所有权"得以兼容并存。

数字藏品的唯一确定性使得数字作品所有权交易成为可能。数字作品内容的无限复制不会影响数字藏品的唯一确定性，作为一种数字资产凭证，它自然可以像实物一般进行交易。同质化虚拟货币缺乏底层资产的价值支撑，十分依赖交易价值和二级市场的交易流量，但数字藏品的价格却是由市场需求共识决定，受到原创性、稀缺性、所有权等因素影响。无论是数字艺术品拍卖，或是电子书、有声书、图片售卖与转让，数字藏品为数字作品权益在线交易提供的信用保证允许大量散户涌入这一市场。例如，CryptoPunks 是 10000 个由算法生成的像素风格头像，每个头像都是一件 NFT。截至 2022 年 8 月，有将近 7000 人进行了 22000 多次买卖，最贵的"CryptoPunks#9998"

成交价高达 5.2 亿美元。
2021 年 8 月，OpenSea
移除了 PolygonPunks
项目，原因是与
CryptoPunks 过分相似。
由基础设施、垂直应用、
聚合平台、可交易产品四
部分架构而成的数字藏
品交易生态已在海外市场基本成型。

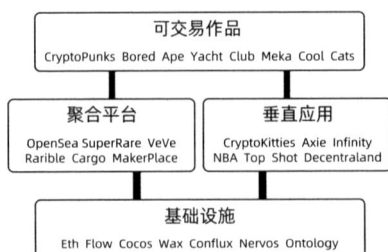

可交易作品
CryptoPunks Bored Ape Yacht Club Meka Cool Cats

聚合平台	垂直应用
OpenSea SuperRare VeVe Rarible Cargo MakerPlace	CryptoKitties Axie Infinity NBA Top Shot Decentraland

基础设施
Eth Flow Cocos Wax Conflux Nervos Ontology

海外数字作品类NFT交易市场基本生态

二、我国区块链数字藏品的市场发展现状

国内的数字藏品市场虽然仍处于起步阶段，但是我国多家互联网巨头已正式开始在这一事业上布局。2021 年 5 月 20 日，淘宝阿里拍卖聚好玩 520 拍卖节推出了数字艺术品专场，这是我国第一个数字藏品线上拍卖，拍品包含艺术家万文广的作品《U107- 无废星球系－柜族之梵高》、海爹雨海的作品《魔鬼猫－多彩流浪体绿》等多件数字艺术品。本次拍卖合计拍品 153 件，围观数超过 7 万次，件均围观数近 600 次，件均竞价 40 余次，拍卖总金额超过了 64 万元。阿里巴巴高调入局后，同年 6 月，蚂蚁集团"蚂蚁链粉丝粒"小程序（现已升级为鲸探 App）在支付宝上线，并且限量发售了敦煌飞天、九色鹿主题付款码皮肤数字藏品，用户只需支付 9.9 元和 10 个支付宝积分就可以购买，一经发布就迅速售罄。基于博物馆文物制作的数字藏品由

于蕴含较高的文化 IP 价值和历史价值，受到了用户的广泛欢迎。此后，国内很多平台也都开始加速推进数字藏品业务。

不仅是互联网企业部署了数字藏品业务，很多品牌和个人也都发行属于自己的数字藏品。五粮液借助天猫平台，与数字人 AYAYI 合作通过原蚂蚁链粉丝粒小程序推出限量版数字藏品《疑是银河落九天》——运用算法制作出了一个由金色、银色粒子运动形成酒瓶形状的精美作品。电动车品牌小鹏汽车也与天猫、蚂蚁合作发布了品牌数字藏品。不少品牌都希望通过数字藏品所展现出的科技感、现代感激发年轻消费者的兴趣，吸引更多人关注数字藏品。另外还有一部分明星试图入局数字藏品，著名音乐人阿朵在 2021 年 5 月对自己的数字藏品音乐作品《WATER KNOW》进行拍卖，最终以人民币 30 万元的价格在阿里拍卖售出，款项全部用于公益捐赠。歌手胡彦斌也在同年 8 月 15 日发布了《和尚》20 周年纪念黑胶唱片数字藏品，2001 张限量发售的藏品被粉丝一抢而空。周杰伦、陈小春、吴建豪等一众明星也在不同平台上

区块链数字藏品领域不断有人加入
音频、手办、数字藏品

发布了数字藏品。明星作品除了本身的艺术吸引力之外，其粉丝效应也为国内数字藏品的发展提供了更多的可能性。

【产业前沿】蚂蚁集团旗下鲸探 App 的区块链数字藏品

蚂蚁集团推出了鲸探 App，用户拥有蚂蚁链技术支持的数字藏品后，可收藏欣赏、向好友展示和赠送。鲸探 App 发售的区块链数字藏品主要包括文化（文创、国风、博物馆非遗）、娱乐（音乐、电影、剧集、综艺、明星）、潮玩（国潮、游戏、动漫二次元、虚拟形象）、艺术（原创设计、艺术创作）、体育（足球、篮球、排球、赛车、电竞）、品牌六大内容分类。其中，文创、艺术类数字藏品占到了其销售额的 90% 以上，大部分数字藏品都是需要特定使用场景的付款码皮肤或者文物藏品。为了防止炒作行为，鲸探 App 的各项产品上线之初就已经设定了相应规则，目前仅支持数字藏品持有者持有 180 天后无偿转赠给符合条件的支付宝实名好友。

基于区块链技术的数字藏品具有以下几大优势。

第一，数字藏品的真实性。数字藏品的生命周期包括制作、上链、发行、购买、收藏、使用等环节，区块链可使其全过程真实可信，从而为发行者和购买者提供双向权益保护。

第二，数字藏品的唯一性。基于区块链技术发行的数字藏品在链上生成一个无法篡改的独特哈希编码，具有唯一性和不可拆分性。每个数字藏品都有唯一的"数字身份 ID"，记录了该数字藏品的出生（发行）和成长（购买、收藏和使用信息）。

第三，数字藏品具有明确价值锚定。数字藏品锚定的是具体文化 IP、艺术品等实物价值，满足用户对数字内容的鉴赏、收藏需求。

第四，数字藏品具有互动性和多形态。我们使用 3D 建模、虚拟现实、语音交互等技术，强调藏品逼真效果，同时增加将传统的 2D 图像类 IP 数字化，使 IP 智能化、交互化、趣味化。未来藏品的形态有更多创新，会和用户有更多语音和动作上的交互，也会拓展更多与实体经济结合的应用场景。

蚂蚁集团在鲸探 App 上开展数字藏品服务（见表 4.1）的核心思想是利用区块链技术保护文化 IP 的数字版权，让用户以一种低成本、低门槛的方式进入数字藏品领域，在此基础上助力文化产业在真实可信的数字化环境中实现商业化，同时坚持以"低价普惠"的方式为用户提供优质传统文化内容体验。相较于目前海外主流平台上火爆的 NFT，国内的数字藏品类型与之有着显著差别，主要通过联盟链发行，没有开放二级交易市场，保证在监管合规的框架内，充分发挥区块链技术在数字版权保护方面的价值，为数字作品的确权及流转提供创新解决方案。国外 NFT 大多依托公有链发行，主要通过加密货币交易，带有较强数字资产属性，交易炒作热度高。

三、我国对数字藏品金融化风险的防范

数字藏品既有同根同源的虚拟货币的某些影子，又是新型

表 4.1　2021 年蚂蚁集团鲸探 App 主要发售数字藏品

项目名称	藏品类型	数量	价格（元）	日期
敦煌飞天、九色鹿	付款码皮肤	16000	9.9	6 月 23 日
刺客伍六七	付款码皮肤	40000	9.9	6 月 24 日
青蛇劫起	付款码皮肤	80000	9.9	8 月 12 日
丰子恺漫画	付款码皮肤	40000	9.9	8 月 19 日
我不是胖虎	付款码皮肤	64000	9.9	9 月 12 日
吾皇猫	付款码皮肤	96000	9.9	9 月 16 日
杭州亚运会数字火炬	3D 模型	21000	39	9 月 16 日
觉醒年代	音频	18000	19.9	9 月 22 日
流浪地球	数字卡牌	90000	19.9	9 月 22 日
镇魂街	3D 手办	150000	25.9	9 月 23 日
科幻作家签名卡牌	数字卡牌	152000	19.9	9 月 26 日
中国航天	付款发皮肤	160000	19.9	9 月 29 日
QEE 小熊	3D 手办	30000	19.9	10 月 14 日
杭州亚残运会数字火炬	3D 模型	40000	15.9	10 月 18 日
御见紫禁城	付款码皮肤	96000	9.9	10 月 26 日
齐白石作品	付款码皮肤	1280000	9.9	10 月 28 日
大唐仕女	付款码皮肤	64000	9.9	11 月 2 日
秸秆扎刻、苏绣	付款码皮肤	64000	9.9	11 月 4 日
杭马 35 周年纪念	数字卡牌	10000	29.9	11 月 5 日
哪吒传奇	3D 模型	20000	19.9	11 月 22 日

文化产品、艺术作品，所以，自上而下的政府管控和自下而上的用户需求成为区块链数字藏品产业发展最大的两项影响因素，共同塑造着国内数字藏品的面貌与规则。

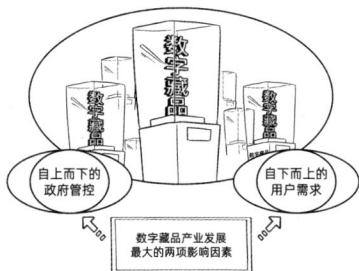

数字藏品同时具备区块链代币和文化产品两种高风险、高收益属性，因而很容易成为投机资本炒作的对象。以比特币、狗狗币为代表的区块链代币具有匿名性、去中心化、交易成本低、可自由兑换等特征，绕过国家主权货币和监管机构，数据安全与币值稳定缺乏保障，导致虚拟货币成为"一种完美的金融投机对象"。数字藏品毕竟与虚拟货币同根同源，其火爆的关注度很大一部分来自"币圈"的投资者或是投机者。

国家政策严防数字藏品金融产品化的总体态度是数字藏品产业生产与营销的风向标。我国支持区块链技术发展应用，但反对虚拟币成为金融产品（货币、证券、大宗商品、CDS等）。

虚拟币"挖矿"带来的"与民争电，与企业争芯片"恶果致使国家在 2021 年对其加大了管控力度。如 2021 年 9 月出台的《关于进一步防范和处置虚拟货币交易炒作风险的通知》严厉打击虚拟货币交易炒

作，被认为是国内对虚拟货币产业链雷霆整肃的又一里程碑。数字藏品市场认知尚不成熟，容易引发市场过高的心理预期，并成为部分炒作者或投机者的牟利目标，因此需要重点防范价格炒作和投机。国家态度深刻影响着数字藏品产业的产品面貌、平台模式、交易规则等。例如，平台不可发售数字藏品的权益产品（股票、期货、期权），不可提供二级市场交易（P2P）服务，对私人转赠行为应当有所限制。数字藏品平台如果不对转赠、交易规则做限定，容易使炒作风险溢出，引发其他风险。鲸探 App 上的数字藏品就不可二次买卖，只允许在持有180 天后转赠给实名好友。个人充当"黄牛"倒卖、炒作数字藏品则是严重的违法行为。

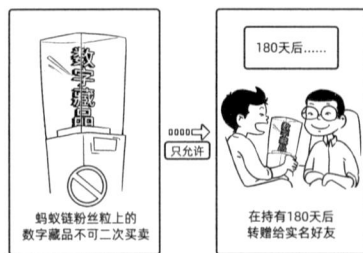

【产业前沿】蚂蚁集团对数字藏品炒作的坚决反对态度

2021 年下半年，敦煌美术研究所、杭州亚运会等曾在原蚂蚁链粉丝粒平台（现鲸探 App）发行过区块链数字藏品，包括敦煌飞天付款码皮肤、亚运会数字火炬等，一经发售就被一抢而空。但是也出现了部分用户以极高价格二次转卖相关产品的现象，带有明显的炒作性质，甚至有人利用数字藏品的虚拟化特点进行网络欺诈。

面对此种情形，蚂蚁集团和阿里拍卖（因为亚运会数字火炬在阿里拍卖上出售）迅速做出反应，不仅下架了涉嫌网络欺诈的数字藏品交易，并且在后续声明中严正提出了"三不做原则"，明确表达了其对数字藏品的态度。"三不做原则"是指：坚决反对一切形式的数字藏品炒作，坚决抵制任何形式的以数字藏品为名，实为虚拟货币相关活动的违法违规行为；坚决抵制任何形式的数字藏品商品价格恶意炒作，用技术手段确保商品价格反映市场合理需求；坚决抵制任何形式将数字藏品进行权益类交易、标准化合约交易等违法违规行为，反对数字藏品金融产品化。

同年10月，由国家版权交易中心联盟牵头，中国美术学院、浙江省杭州互联网公证处、央视动漫集团、湖南省博物馆、蚂蚁集团、京东科技、腾讯云等共同发布《数字文创行业自律公约》，加强行业自律性，一同探索数字文创产业的合理生态，促进整个中国文化创意产业的创新与增长。鲸探 App 也在用户协议中设定系列限制规则积极响应国家政策，努力杜绝一切数字藏品炒作行为，为整个初生数字藏品行业做出表率。

鲸探 App 用户协议附件《违规用户处罚规则》

行为	具体情形	处罚措施
转售数字藏品	任何形式有偿转售数字藏品的行为，包括但不限于在任何平台、网站、社交媒体等发布转售信息、转售要约或言论的行为	针对首次违规的，1年内关闭您账户的数字藏品转赠功能；针对重复违规或恶意违规的，酌情加重处罚，包括永久关闭您账户的数字藏品转赠功能，或者永久封禁账号

续表

行为	具体情形	处罚措施
购买数字藏品	任何形式有偿收购数字藏品的行为，包括但不限于在任何平台、网站、社交媒体等发布收购信息、收购要约或言论的行为	1年内关闭您账户的数字藏品转赠功能
组织数字藏品场外交易行为	组织数字藏品的场外交易行为，包括但不限于在任何平台、网站、社交媒体通过拍卖、担保交易、发布交易信息等形式组织或撮合数字藏品场外交易或为其提供便利	视具体情节永久关闭您账户内数字藏品的转赠功能或永久封禁账号；构成犯罪的，报警并移交司法机关处理
利用外挂抢购数字藏品	利用外挂（包括通过非官方程序、软件、硬件、机器、脚本、爬虫或其他自动化的方式）抢购数字藏品的行为，出售外挂工具或提供代抢服务	视具体情节限制您名下账户的数字藏品购买功能和/或转赠功能；构成犯罪的，封禁账号、报警并移交司法机关处理
违规使用数字藏品	违规使用数字藏品，包括但不限于超过发行方的授权范围使用数字藏品	限制您对外分享数字藏品，并可视情节限制您购买数字藏品。
发布违规或不当信息	发布违规或不当信息，损害蚂蚁链数字藏品平台或他人合法权益	限制您对外分享数字藏品，并可视情节1年内关闭您账户的数字藏品转赠功能
违法犯罪行为	构成违法犯罪的，包括但不限于欺诈、洗钱、非法经营等	封禁账号，报警并移送司法机关处理
其他违约行为	其他违反《蚂蚁链数字藏品平台用户服务协议》《数字藏品购买和转赠须知》、平台规则的行为	依据《蚂蚁链数字藏品平台用户服务协议》《数字藏品购买和转赠须知》和平台规则酌情处罚

四、数字藏品与文博文物数字化工程

中国是一个拥有五千年文明历史的古老国家，蕴藏着大量珍贵的文物古迹。文物古迹的妥善保护与开发利用对中华民族精神的传承和文化产业的发展均有重要意义。2016 年 3 月，国务院印发的《关于进一步加强文物工作的指导意见》（国发〔2016〕17 号）提出："中华民族具有五千多年连绵不断的文明历史，创造了博大精深的中华文化，留下了极其丰厚的文化遗产。文物是不可再生的珍贵文化资源，是国家的'金色名片'，是中华民族生生不息发展壮大的实物见证，是传承和弘扬中华优秀传统文化的历史根脉，是培育和践行社会主义核心价值观的深厚滋养。加强文物保护，让收藏在博物馆里的文物、陈列在广阔大地上的遗产、书写在古籍里的文字都活起来，对于传承中华优秀传统文化、满足人民群众精神文化需求、提升国民素质、增强民族凝聚力、展示文明大国形象、促进经济社会发展具有十分重要的意义。"

面对文博文物保护中存在的种种问题，区块链应用于数字藏品为文博文物的数字化保存及当代传播提供了一种新的思路，正在世界各地的博物馆中掀起一股热潮。我国诸多博物馆也已开始尝试使用区块链技术将馆藏文物铸造成数字藏品，向

公众展出发售，推动传统文化在年轻受众中的传播，并取得了初步成效。随着文博文物数字藏品市场规模和影响力的不断扩大，文博文物数字藏品化工程一方面更加受到国家的重视，另一方面与互联网技术公司的合作也成为我国数字文创产业新的增长点。

(一)区块链对文博文物数字藏品化的优势

博物馆是收集、保存、研究、传播和展览人类的有形和无形遗产及其环境，以达到教育、研究、学习和娱乐的目的的、非营利的永久性机构，向公众开放，为社会及其发展服务，守护国家文化遗产。习近平总书记在向国际博

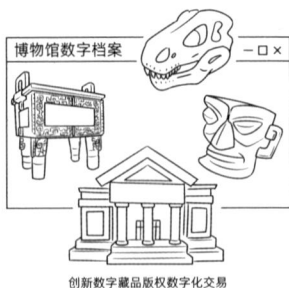

创新数字藏品版权数字化交易

物馆高级别论坛致贺信中说："博物馆是保护和传承人类文明的重要殿堂，是连接过去、现在、未来的桥梁……中国各类博物馆不仅是中国历史的保存者和记录者，也是当代中国人民为实现中华民族伟大复兴的中国梦而奋斗的见证者和参与者。"[1]但是，一项由联合国教科文组织与国际文化财产保护与修复研究中心主导的调查显示，全球60%的博物馆面临藏品管理不善、专业维护和安全保护不佳、存储空间不足等问题，长期保存在仓库中的藏品存在被损坏、盗窃或非法贩运的风险。

---

[1] 新华社.向国际博物馆高级别论坛致贺信[N].人民日报，2016–11–10：01.

文博文物数字化工程是利用可被电子计算机识别的二进制数字运算、加工、存储、传送、传播、还原的数字技术，对文博文物资源进行的记录和转化工作。文博文物数字化工程不仅能够全面记录文物，也可以使其成为一种文化资源得到更广泛的利用。世界四大博物馆的卢浮宫、大英博物馆、纽约大都会艺术博物馆、冬宫，以及我国的故宫博物院等，从多年前便已经开始了数字化的工作，在数字化藏品方面取得重大进展。我国故宫博物院共收藏有约 186 万件文物，目前已在其官网上发布了 68573 件数字文物，约占其全部收藏的 4%。数字化拓展了文博文物的受众面，有效地提升了博物馆的公众形象。

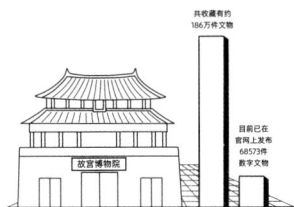

在博物馆数字资产管理保护方面，区块链技术同样具有惊人的应用潜力。文博文物的公共性导致其数字化产物的知识产权暂时无法得到清晰的界定，数字资产难以取证，确定权属的问题也无法得到有效解决，进而导致对博物馆数字资产保护难以有效执行。

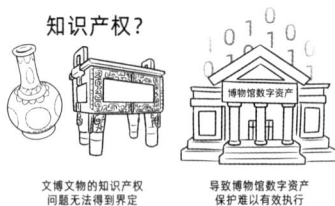

区块链技术打造了一系列数字新基建，能够促进博物馆数字内容标准化，推动数字资产确认权属。中央财经大学文化经济研究院发布的《区块链技术激活数字文化遗产研究》报告指出，区块链技术对文博文物数字化工程的优势主要体现在以下三个方面。

1. 区块链规范数字内容标准化

区块链提供一种分布式记账的模式，其最大的优势是去中心化，公开透明，数据不可篡改。数字内容上链前要规范上链数据范围和格式，对数据进行标准化处理。按照标准格式转换工具，将来自各个机构不同格式的数据，转换为通用格式，并按照文件格式类型和博物馆业务精度要求，转换成适应不同实践场景的多样化版本。其次，建立元数据框架，对数字内容按格式或文物类型进行分类，以统一格式进行命名，实现对数字内容的简单高效管理、检索、利用。

2. 区块链明确数字内容权利归属

数字内容一旦上传到区块链，会自动生成作品的数字签名，每一次的交易传输流通都会得到及时追踪，并且这些记录几乎不可能被伪造或篡改。所有人都可以轻易追溯数字内容发布的源头以及验证数字内容的真实性，创作者因此可以不再依赖于第三方中介机构的鉴定结果作为确权的依据。取证难度降低和侵权成本提高保障了数字内容创作者和发布者的权益不再被肆意侵犯。

3.区块链完善数字博物馆建设

疫情带来的经济波动与下行风险仍然没有过去，资金和人员等关键资源的减少会增大博物馆管理与日常运营的压力，进一步削弱博物馆本就脆弱的文物保护能力，使珍贵的文物处于更危险的

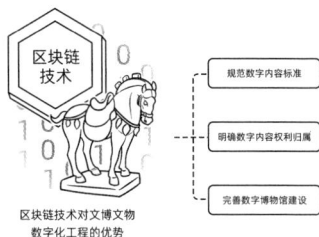

区块链技术对文博文物
数字化工程的优势

境地。为了防止被意外损毁或非法出售，区块链技术可用于馆藏资产管理，对实体藏品的流动进行实时记录，对数字内容不断更新，实现更高的透明度和安全性，防止数据丢失或被人为篡改。最后，出售的数字藏品收入作为博物馆增收来源，可改善其财政运营状况。

（二）国内外文博文物数字藏品化的现状

国外各大博物馆已开始试水用区块链数字藏品实现文博文物的数字化。面对疫情对世界各地实体博物馆造成的长期运营压力，数字藏品开始成为它们用于重新吸引观众眼球的一种数字化探索。2021年5月，佛罗伦萨的乌菲齐博物馆出售了米开朗琪罗的数字藏品 *Doni Tondo*。同年7月，圣彼得堡的冬宫博物馆

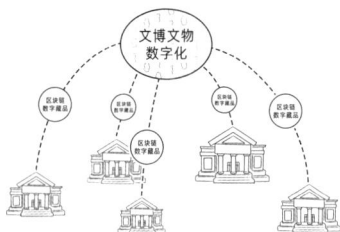

将达·芬奇、莫奈、梵高等大师的画作铸成数字藏品进行拍卖。迈阿密当代艺术学院宣布收购数字藏品 CryptoPunk5293，成为第一家接纳数字藏品进入收藏的艺术博物馆。曼彻斯特的惠特沃斯美术馆出售了基于威廉·布莱克（William Blake）的《太初》（*The Ancient of Days*）的数字藏品。大英博物馆也宣布，计划在未来举行的展览中出售 200 件北斋画作的数字藏品。

中国的文博文物数字化工程走的是平民化路线，以数字藏品单独发售的形式使其成为民众触手可及之物。文博文物经由区块链技术进行确权后，用户可以通过 App、小程序等平台购买、鉴赏与分享相应的数字藏品，拥有永久存留的收藏价值。区块链技术最重要的价值在于，能够对数字作品进行标记生成唯一数字凭证，同时确保数字作品在发行、购买、收藏和使用等全生命周期的真实可信，有效保护发行者版权和消费者权益。例如，蚂蚁集团旗下的鲸探 App 推出"宝藏计划"，与国内多家博物馆合作，通过区块链、3D 渲染、IoT 等技术制作文博文物的数字藏品，再限量低价公开发行，由此创新数字藏品版权数字化交易。再如百度的"文博艺术链"，利用区块链技术推动百科博物馆计划中的 246 家博物馆线上藏品上链亦是有益尝试。

此种创新创业模式的优势在于，数字藏品原创者、版权运营方、购买者可以实现互动，从而孕育出另一条 IP 转化路径。文博文物通过数字藏品获得商业层面的成功能够加深大众对传统文

化的关注与理解，逐渐营造出弘扬传统文化的新风。尽管我国
在区块链数字藏品产业发展方面与国外尚存在一定差距，但是
新的产品和场景正不断被开发出来。

【产业前沿】用数字技术守护传统文化——"宝藏计划"

近年来，博物馆开启数字化风潮，故宫博物院、敦煌市博
物馆、湖南省博物馆、河南省博物院等纷纷借用科技的力量焕
活传统文化。2021年10月21日，蚂蚁链正式发起"宝藏计划"，
以区块链数字藏品的形式为基础，结合3D、IoT、语音交互、
虚拟现实等技术，在助力传统文化传播的同时，积极推动文创
产业的新形态发展。按照计划一期执行方案，蚂蚁与多个文博
单位进行合作，聚焦于传统文化的主题，从10月21日至11月
11日每天推出一套数字藏品，在鲸探App上向用户限量发售。

以计划首期为例，四款数字藏品的原型是现藏于中国国家
博物馆的四羊青铜方尊、西汉错金银云纹青铜犀尊、"妇好"
青铜鸮尊、彩绘雁鱼青铜缸灯，均为千年前的青铜器。数字藏
品的功能十分强大，购买者除了能在手机App上直接看到以数
字立体形式呈现的复原的文物，甚至可以对其进行放大、缩小、
翻转等操作，看清文物上每一处细节，其页面详细描述了宝藏
背后深厚的历史性与艺术性。文物数字藏品通过区块链进行标
记生成唯一数字凭证，发行、购买、收藏和使用等过程真实可信，
从而有效保护了发行者版权和消费者权益。

区块链文物数字藏品在消费者市场反响非常好，首期的四
款国宝级文物的数字藏品开售即售罄。后来同样在蚂蚁链鲸探

App 上发行的湖北省博物馆镇馆之宝"越王勾践剑"数字藏品
（10000 份），上线 3 秒即售罄。目前，整个"宝藏计划"所
有的藏品都全部售罄，据统计总共实现了约 500 余万元的收入。

　　通过"宝藏计划"，蚂蚁不但帮助多个文博单位起到了良
好的宣传作用，并且让更多人——尤其是年轻人对于传统文化
有了新的体验。蚂蚁也计划在未来继续坚持宝藏计划这一类文
物数字藏品的推广，并且预计文化景区、文博馆藏等数字藏品
将占到发行总量的 50% 以上。蚂蚁集团蚂蚁链已经在着手帮助
博物馆进行全馆的数字化改造，让用户足不出户就能真切感受
博物馆藏品的魅力。湖北省博物馆副馆长王先福认为，数字藏
品让古文物突破了时空界限、年龄界限，创造出一种全新的文
化创新，如果它能够得到年轻网络一代的喜爱，那么其推广效
果无疑是可期的。中国传统文化的瑰宝以这种充满现代感的方
式展现在人们眼前，让人们看到了文博文创产业的生命力，也
为国内数字藏品业务起到了良好的示范作用。

鲸探 App "宝藏计划"第一期数字藏品信息

时间	合作方	藏品主题	具体藏品	发行量（件）	发行价格（元／件）
10/21	中国国家博物馆——国博衍艺	萌兽系列	"妇好"青铜鸮尊	8000	9.9
			四羊青铜方尊	8000	9.9
			错金银云纹青铜犀尊	8000	9.9
			彩绘雁鱼青铜釭灯	8000	9.9

续表

时间	合作方	藏品主题	具体藏品	发行量（件）	发行价格（元/件）
10/22	太空艺术馆	俯瞰中国	大地摇篮——黄河	6000	9.9
			新疆宝地——火焰山	6000	9.9
			沙漠希望——塔克拉玛干	6000	9.9
			休眠火山——长白山	6000	9.9
10/23	中国文物交流中心	唐潮人爱运动	赛跑	6000	9.9
			跳水	6000	9.9
			体操	6000	9.9
			乒乓球	6000	9.9
10/24	湖南省博物馆	云鹿	湖南馆藏·云鹿	10000	19.9
10/25	故宫博物院	紫禁·琉彩荣光	与时俱进	8000	9.9
			雪落紫禁	8000	9.9
			琉璃影壁	8000	9.9
			紫禁之门	8000	9.9
10/26	纹藏中国	纹话长城	乌桓传奇边塞百景	6000	9.9
			猛虎咬牛草原搏斗	6000	9.9
			云龙舞动秀拙相蕴	6000	9.9
			窈窕淑女姿容端丽	6000	9.9
10/27	赵闯（个人艺术家）	中国恐龙	小盗龙·高远	6000	9.9
			日马门溪龙·尔玛	6000	9.9
			永川龙·大勇	6000	9.9
			沱江龙·奇川	6000	9.9
10/28	中国美术馆	中华大师吴昌硕	《神仙福寿图》	6000	9.9
			《寿桃图》	6000	9.9
			《老少年》	6000	9.9
			《葫芦》	6000	9.9
10/29	湖北省博物馆		越王宝剑	10000	19.9

续表

时间	合作方	藏品主题	具体藏品	发行量（件）	发行价格（元/件）
10/30	中国文物交流中心	风雅宋	南宋青白釉印花执壶	6000	9.9
			南宋龙泉窑青釉鬲式炉	6000	9.9
			北宋青白釉渣斗	6000	9.9
			宋青白瓷托盘	6000	9.9
10/31	中国国家博物馆——国博衍艺	可爱的中国	三彩釉陶女俑	8000	9.9
			三彩釉陶骆驼载乐俑	8000	9.9
			彩绘石骑马人	8000	9.9
			跪坐奏乐陶俑	8000	9.9
11/1	故宫博物院	宫廷瑞兽	龙	10000	24.9
11/2	故宫博物院	宫廷瑞兽	凤	10000	24.9
11/3	大唐不夜城		大唐开元小雁塔	10000	19.9
11/4	大唐不夜城		大唐开元小雁塔	10000	19.9
11/5	湖南省博物馆		飞龙乘云	10000	19.9
11/6	故宫博物院	紫禁·文化东方	有凤来仪	8000	9.9
			麒麟献瑞	8000	9.9
11/7	中国美术馆	中华大师任伯年	屏开金孔雀	6000	9.9
			桃花	6000	9.9
			双鹤	6000	9.9
			桃花双燕	6000	9.9
11/8	中国航天文创（CASCI）	大国重器	神舟五号数字飞船	10000	19.9
11/9	非物质文化遗产——苏绣	姚建萍作品	荷露娇欲语	6000	9.9
			中国梦——好合	6000	9.9
			中国梦——朱颜	6000	9.9
			我爱中华	6000	9.9

续表

时间	合作方	藏品主题	具体藏品	发行量（件）	发行价格（元／件）
11/10	GGAC	幻想博物馆	秦·虎猫俑	10000	19.9
11/11	中国国家博物馆——国博衍艺	汉代表情包	击鼓说唱陶俑	10000	24.9

（三）文博文物数字藏品著作权保护新挑战

区块链为文博文物的数字化带来了新的机遇，为优秀传统内容找到了可利用的途径，使其成为数字文创产业新的组成部分。文博文物的数字藏品毕竟是知识产权类产品，虽然区块链极大地解决了数字内容网络复制、冒名顶替、收入不明等问题，但同样会遇到一些新的尚未定性的著作权保护相关问题。尤其是针对文博文物的特殊性质，以及区块链铸造数字藏品本身的局限性，适用于一般作者和作品的一些著作权相关规定和原则将会失效。

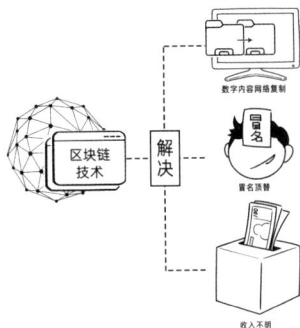

文博文物的公共性与著作权私有性存在一定的矛盾。2013年修订的《中华人民共和国文物保护法》第 5 条规定："古文化遗址、古墓葬、石窟寺属于国家所有。国家指定保护的纪念建筑物、古建筑、石刻、壁画、近代现代代表性建筑等不可移动文物，除国家另有规定的以外，属于国家所有。"年代久远的文博文物显然是公共的，是中华民族在历史中共同创造并享有的瑰宝。我们已经知道，著作权是著作权人对其作品享有的专有权利，所以是私权利。那么问题便产生了：私权利的对象必然不能是直接的共有物，文博文物还受到《著作权法》保护吗？对于这一问题至今存在争议，许多文博文物符合《著作权法》对作品的基本要求，但是其著作权享有者早已作古，超过了《著作权法》保护的期限，不再受到《著作权法》保护。在这种情况下，国家一般会指定或委托相关机构、组织（如基层政府的文物行政部门）对文物等进行实际保存与管理维护。

另一个值得注意的问题在于，既然文博文物本身已不再受到《著作权法》的保护，那么由其铸造而成的数字藏品是法律保护的作品吗？目前，按照国际法律界的主流认知，即

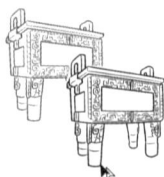

只是复制、再现、改编公开的
文博文物形象并不构成著作权侵权

如若他人有损害文物形象及完整
的行为也会受到法律的惩处

便原型是自然风景或是生活环境，作品形式和独创性才是判断作品的标准。就形式而言，2020 年《著作权法》修订后，作品形式法定已转变为开放模式，数字藏品无论是静态画还是 3D模型都可以构成作品的形式。独创性则需要数字藏品在文博文物原型的基础上，产生一定的可见的独特创新；如果只是一成不变地复制再现而不具备实质性差异，那么将无法构成《著作

权法》保护的作品条件。文博文物数字藏品正成为新型数字文创的重要组成部分，加之进行区块链数字藏品铸造十分依赖专业技术，如果博物馆和与其合作的文创企业不仅不能从中获利，甚至合法权益都得不到保护，对于文博文物的整个数字化工程无疑是一种打击。此外，各大文物机构，从法理上来看只是代表国家保护监管文物，但其是否拥有文物的开发经营权并没有明确的法律依据。

目前，区块链的自身特性和技术壁垒至少起到了一定的保护作用，仿造盗版者短期内还无法粉墨登场。不过文博文物数字藏品的出现仍然对曾经的版权认定标准发出挑战，需要国家出台更多的政策规定，一方面鼓励对传统文化的创新利用和创意开发，另一方面对其技术和内容贡献者加以保护。

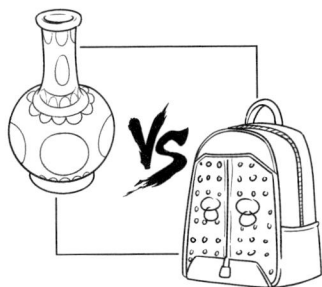

第五章

元宇宙中的区块链与著作权保护

2020 年的《头号玩家》、2021 年的《失控玩家》两部大火电影，让所有观众最直接地感受到了沉浸式虚拟现实的魅力。从 2021 年开始，元宇宙（Metaverse）概念突然风生水起，资本市场闻风而动：3 月，游戏公司 Roblox 以元宇宙概念第一股的身份正式在美国纽约证券交易所上市；5 月，社交平台 Facebook 称将在 5 年内全面转型成为一家元宇宙公司，扎克伯格更是在 10 月底宣布公司改名为 Meta；8 月，字节跳动斥巨资收购 VR 创业公司 Pico。元宇宙作为社会热点，也吸引了学术界的大量关注。清华大学新媒体研究中心在 9 月份发布了

《2020—2021年元宇宙发展研究报告》。此外，央视、新华社、《人民日报》等官媒都开始了元宇宙的科普。当前各行各业似乎都试图沾上"元宇宙"的光，在这样的巨大声浪中，2021年成为了名副其实的"元宇宙元年"。

然而截至目前，虚拟现实技术的应用产品还远未达到人人普及的程度，如果不对投资与科技前沿领域感兴趣，大多数普通人事实上并不知晓元宇宙究竟是什么。各大数字科技巨头又为何纷纷入局元宇宙？元宇宙对于区块链、版权产业、著作权保护意味着什么？事实上，元宇宙涉及虚拟现实、区块链、云计算、人工智能、大数据、物联网等技术，其中区块链提供的是经济系统和规则制度方面的支持，数字藏品是其具体的表现形式。尽管虚拟现实设备投入使用已有多年，但直到2021年数字

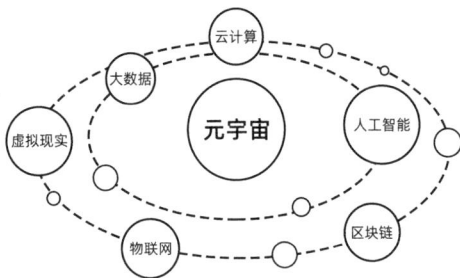

藏品市场火爆，这才促使元宇宙概念盛行。随着互联网对社会影响的加深，元宇宙乃是大势所趋，新的变革在所难免。因此，元宇宙可能给版权产业带来新的著作权挑战与机遇，反过来，

版权产业、著作权保护措施以及《著作权法》的修订也需要在
未来适应元宇宙的运行机制。

一、元宇宙的定义与理解

　　"元宇宙"一词最早出现于美国科幻小说家尼尔·史蒂芬
森 1992 年发表的小说《雪崩》，他如此描述道："戴上耳机和
目镜，找到连接终端，就能够以虚拟分身的方式进入由计算机
模拟、与真实世界平行的虚拟空间。"电影《黑客帝国》和动
画《刀剑神域》中也都提到了类似的完全沉浸式的虚拟世界。
实际上，电子游戏行业率先完成了沉浸式虚拟现实的应用实践，
例如《魔兽世界》《最终幻想 14》等大型角色扮演类网络游戏，
再到开放度更高的《我的世界》
《堡垒之夜》，电影《头号玩家》
的故事也是发生在名为"绿洲"
的游戏中。2021 年 3 月，游戏
平台 Roblox 的招股书中重提
"元宇宙"，再次带火了这个
概念。人们开始意识到，小说
中的未来可能即将或是已经到
来了。

　　元宇宙的概念究竟应该如何界定，业内实际上并没有确切
的定义，甚至存在严重的分歧，其中马克·扎克伯格、刘慈欣、
克里斯·迪克森的观点可以作为三派的代表。扎克伯格的元宇

宙是完完全全的"生活的虚
拟化",通过虚拟现实外接
设备,人们在家中就能聚会、
工作、学习、玩耍、购物、
创造,全息图像取代通勤。
刘慈欣反对用元宇宙把人束
缚在计算机服务器上,元宇
宙应该作为人类肉体的理想替代品,能够以远程操控、机器人
形式帮助人类探索宇宙。克里斯·迪克森认为,元宇宙是"虚
拟化的生活",现实中的一切也同时可以在虚拟世界中完成,
区块链、虚拟资产、虚拟身份、数字藏品是核心。综上所述,
元宇宙不完全指代虚拟世界,而是虚拟世界映射又独立于现实
世界、虚拟与现实相互深度融合的一种新型的人类所处的社会
环境与状态关系。

清华大学新闻与传播学院新媒体研究中心发布的《2020—
2021 年元宇宙发展研究报告》将元宇宙概念界定为:元宇宙是
整合多种新技术而产生的新型虚实相融的互联网应用和社会形
态,它基于扩展现实技术提供沉浸式体验,以及数字孪生技术
生成现实世界的镜像,通过区块链技术搭建经济体系,将虚拟
世界与现实世界在经济系统、社交系统、身份系统上密切融合,
并且允许每个用户进行内容生产和编辑。从这一概念界定出发,
元宇宙的特征至少包括以下几点。

1. 沉浸式体验

沉浸式体验指的是借助头盔、手环、全息成像等硬件设备和低延迟的信息传输网络，为用户营造出与现实同等身临其境感的虚拟环境。一种是完全沉浸式的，虚拟现实头盔的成像系统覆盖用户的视角，借助一整套触感设备与系统发生互动；另一种是半沉浸式的，终端和设备在现实世界环境的背景下呈现出虚拟影像，也称为增强现实技术。

2. 虚拟化身份

现实世界中的每个用户都可以在虚拟世界中拥有一个或是多个虚拟身份，人人均有机会参与虚拟世界的活动。元宇宙并不是虚拟与现实的割裂而是融合，所以这种虚拟身份既是现实世界中用户信息与财富的延续，又另起炉灶，可以按照用户的个性需求进行重塑。

3. 开放创造

元宇宙不是给定了任务目标的电子游戏，用户可以利用所有可获得的资源创造事物，包括场景、艺术品、实用物等。不过，开放式的沙盒游戏是元宇宙的前奏，人们已经可以在其中自由创造未有之物，同时通过虚拟世界财富的积累和流通创造出新的社会秩序。

4. 强社交属性

元宇宙不是一个封闭的环境，它主张人与人、线下与线上的信息交互，社交是人在元宇宙中的重要活动。许多目前所设想的元宇宙功能本身即是打破物理交通条件的限制，实现远距离的面谈对话。此外，如果用户拥有多种虚拟身份，其社交网络将更加复杂。网络社交越来越成为人类生存价值的一部分。

5. 真实稳定性

在元宇宙的设想中，虚拟世界中发生的一切都是真实的，并将由区块链技术进行真实记录且不可篡改，进而与现实世界发生连接，形成安全、稳定、有序的经济运行系统。这即是指虚拟现实中创造的物、发生的事、用户的身份与关系、共同协定的规则能够得到现实世界中权威话语与社会共识的承认，虚拟世界不再是可以任由程序员修改、用户复制的临时数据。

在元宇宙时代，虚拟与现实的边界将会被重新定义，乃至于无法再严格将之区分，社会的组织与运作以现实和虚拟融合、同步、等价的方式进行。例如，视频化社交、视频会议、直播等，视频内容以及参与者都是真实的，直播和会议的空间是虚拟的，参与者能够通过线上与线下的互

动行为影响这一虚拟场景。面对互联网产业的内卷形势，元宇宙有可能成为各大资本和厂商竞争的加速赛道。

【产业前沿】搬运现实世界至元宇宙的三维立体扫描仪

随着科技的发展，三维立体扫描仪日益成为普通用户和家庭也能购置的设备。三维立体扫描仪可以从实质物体的表面采集到众多三维坐标点的集合，由此实现对小件物品的精确、完整扫描，然后上传到计算机中或是在扫描仪内部生成逼真的 3D 模型，用于 3D 动画、彩色 3D 打印等场景。例如，用户在野外看到美丽的鲜花、参天的大树，便可以用手持型的三维立体扫描仪把物体造型数字化到电脑里，供随时反复查看。

三维立体扫描仪按照其原理主要分为两种类型，一种是"照相式"，另一种是"激光式"，均不需要与被测物体接触。早一代的是"激光式"，通过射出一条可在被测量实物上移动的激光光带，就可以采集出物体的实际形状。新一代的是"照相式"扫描仪，专门针对产业生产领域而设计，因而其测量速度高出原先 10 倍之多。在现实生产中，扫描仪的应用领域包括产品开发、逆向工程、快速成型、质量工程等。

目前，三维立体扫描仪的应用场景包括扫描实物建立 CAD 数据、科学研究、文物和艺术品的录入展示、动画造型等。越来越多存在于现实世界中的物件会被人用三维立体扫描仪复制到虚拟世界中，再通过虚拟现实头盔或是其他增强现实设备沉浸式显示。未来，生活中大大小小的物件或许都会借助各类三维立体扫描仪在虚拟世界中形成自己的 3D 模型，元宇宙的大门由此徐徐打开。

二、区块链对元宇宙的系统支持

可靠的经济体系、虚拟身份和资产、强大的社会性、身临其境的体验和开放的内容创作对于元宇宙来说缺一不可。其中经济系统的高效与稳定正需要区块链的确定性去实现，可谓是虚拟与现实打通过程中最为关键的支柱。

（一）为元宇宙运行系统提供确定性

长久以来，虚拟世界与现实生活对接的主要障碍之一便是互联网的高度不确定性。互联网创造的一切本质上都是二进制的计算机数据，互联网的平等表达、开放免费、个性合作、社交互动等特征造成的作品冒用、复制、篡改问题也存在于一般的信息存储与交互领域。在现实世界中，商品有固定的产销周期和资源消耗率，其内涵功能也往往是相对稳定的；但在虚拟世界中，数字化的事物可以被轻易地增加、减少，或是删除、修改内部功能。在互联网角落中最分散的个人用户一边，匿名的个人用户可以切断网络，偷偷删改数据，抹消自己的行为证据。占据中央空间的是大型互

联网平台，掌握用户大数据的平台很容易走向垄断，同样是一种信息安全和稳定的隐患。例如，在电子游戏中，经营者能够自行决定虚拟币、道具的数量与价值，人为造成游戏经济系统的波动。这便是数据信息的不确定性，人们认为网上的事物可以被随意伪造、复制、篡改，自然既不愿意为它们付费，也不承认它们的真实性。

区块链凭借其公开透明、不可篡改的优点可为虚拟数字资产创造确定性，使之达到与现实世界物品具有相似的唯一真实性。区块链的技术基础是密码学、梅克尔树、哈希算法、时间戳、共识机制、智能合约等，组成一串公共可见、不可改变、无限延长的数据链，它所标记的事物也因此获得唯一确定性。数字艺术品上链成为区块链数字藏品后，虽然原作品本身仍可以被复制为副本，副本也可被修改，但是作为数字资产凭证却仅有一份，所以也可以在网上直接流通交易。如果没有区块链，元宇宙可能永远只是一种游戏形式，而区块链打通了虚拟世界和现实世界的壁垒，使虚拟世界成为平行宇宙。例如，一款游戏中的一件道具，本身只能在游戏中使用，一旦上链后即获得全网唯一的数字资产凭证，便可跳出游戏的框架进行全网流通。将这种区块链标记事物的方式延伸到非艺术领域，可以为各类虚拟事物创造唯一确定性。有了区块链的支持，人们不必再担心虚拟

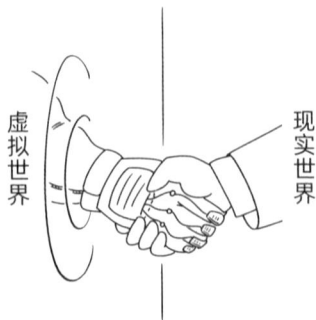

世界的数据信息被人任意地伪造、复制、篡改，也就能够与现实世界进行对等的流通交易。

（二）区块链在元宇宙中的层级架构

区块链对于元宇宙的意义不仅在于诸如场景效果的呈现、智能化用户需求匹配等方面，更在于这一全新的世界如何维持经济运行系统的稳定，而不是随着运营商发生风险变化而被弃置的空中楼阁。具体可分成以下几步去层层架构。

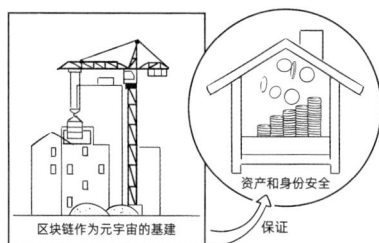

区块链作为元宇宙的基建　资产和身份安全　保证

1. 可信的底层构建关键技术

区块链使元宇宙的底层数据具有可追溯性和保密性，通过共识机制解决全网分散资源造成的信任危机，即便出现问题也清晰可查。区块链是元宇宙的基础设施，保证用户虚拟资产和虚拟身份的安全。

2. 智能合约部署与交换价值实现

除了区块链自身的公开透明性，其智能合约具有自动化、可编程、可验证的特点，无需第三方平台的验证就可以自行完成链上的可信交互。智能合约作为支付和清算系统实现元宇宙的价值交换。区块链中智能合约的规则执行是透明的，会大大降低腐败与暗箱操作的可能性，可广泛应用于金融、艺术、社交、游戏、电子商务等领域。

3.数字物品与真实资产等同化

区块链最终会让元宇宙里的数字物品成为真实的资产，数字藏品只不过是这一趋势的先行军。事实上，在艺术作品之外，游戏道具、虚拟空间土地产权、应用皮肤、权益证明等也在纷纷上链确权，通过区块链映射数字资产的方式成为可流通交易的实体。数字资产交易凭证的法律效益等同于现实的发票收据或是登记证件。反过来，随着虚拟世界与现实世界融合的深化，不仅是线下的某些实物能够制作区块链数字资产凭证直接在线上买卖，现实世界中的所有商品交易记录或许也会以区块链的形式保存下来，虚拟世界成为现实世界人类活动坚实的痕迹证明。

【产业前沿】在虚拟世界中真实记录现实世界信息的鹊凿

借助区块链记录信息的唯一真实、不可篡改特性，蚂蚁链鹊凿平台相当于一面镜子，可将线下物理世界映射到线上数字世界，区块链不可篡改的优势由此从线上空间延伸至线下场景。

例如，通过多维度线下感知能力技术与微观物理特征防伪技术，鹊凿平台将书法、字画等作品放大 500 倍，更加精细化地去识别其中工艺，自动选取最具作品特征的局部采样点进行存储（局部纹理＋微观指纹＋所在位置）。后续可使用数字放大镜按照定位图，在实物图上寻找采样点，对比验真。此外，平台还可将整个制作工艺过程记录下来，以便市场更好地去把握作品的价值，同时也为后期取证、维权预留证据。

非文创领域也出现了相关的实践。2020 年 6 月，全球最大瓷都景德镇加入蚂蚁区块链生态，通过区块链技术，打通商品流通中瓷器产品、交易、资金、流量等多方协同要素，实现过程信息不可篡改，从而降低各环节互信成本。

如此一来，现实世界中发生的事物被记录在虚拟世界的区块链上，反而增加了事物的可信度。在人工智能和大数据的加持下，虚拟世界中信息的存贮与分析能够加速现实世界资料的配置与流动。在未来，现实世界中更多的信息或都将以区块链的形式记录于虚拟世界，虚拟世界与现实世界不再有绝对隔绝的壁垒，二者产生互证关系。

未来，人们会越来越多地以虚拟角色身份的方式在虚拟世界中做一些现实生活才有的事。在原本是游戏的《堡垒之夜》虚拟世界中，虚拟影院已经超前点映了《星球大战 9：天行者崛起》，歌手特拉维斯·斯科特举办了一场虚拟演唱会，借助全息人物投影空降到虚拟世界与参与者近距离互动。歌手贾斯汀·比伯也在虚拟演艺平台 WAVE 上举办了个人第一场虚拟演唱会，WAVE 平台很早便以"音乐 Metaverse"自居。在区块链沙盒游戏的虚拟世界里，玩家们可以自由创造事物，由于这些事物借助区块链都是独一无二的，例如道具、画作、建筑，从而举办虚拟展览会，甚至是完成土地所有权的销售。

【产业前沿】游戏虚拟世界的元宇宙想象——沙盒游戏 Decentraland

Decentraland 是一款基于以太坊区块链的沙盒类游戏，区别于一般游戏的是它没有具体的游戏目标，完全是一个由用户自行共同创造的虚拟世界。用户们可以在这个虚拟世界里创建个人形象、与其他用户互动社交、参与音乐会或艺术表演等娱乐活动，并在数字土地上建造房屋等活动。

对于创作者来说，Decentraland 很大部分价值在于其对土地的拥有权和控制权。区块链的底层技术架构明确了所有权，用户可以在领地上创造出独一无二的专属体验，并且可以将为其他用户提供的价值与收益保存下来。例如，Decentraland 中的土地所有权是在共识层建立的，以太坊智能合约则用于管理土地，将土地的所有权和交易历史等记录在难以篡改的区块链上。每块土地由 NFT 表示，并具有唯一的（X，Y）坐标。

由 Republic Realm 团队支持的位于 Decentraland 的

Metajuku 街区正将"时尚＋元宇宙"变为现实，把时尚购物体验上升至新高度。Metajuku 地理坐标（94，20），是 Decentraland 中一个 256 平方米的项目，其中心是一个方便行人的开放空间，零售店排列在开放的中心中庭两边。Metajuku 的设计灵感来自位于日本东京的原宿街头，还在进一步开发完善之中，但已可以给用户一些惊喜的体验，比如漂浮的电子服饰等。

三、元宇宙中的著作权与作品保护

元宇宙是人类社会加速信息化的一种相对高级的阶段，美国学者尼葛洛庞帝在 20 世纪末其实就预言数据信息将取代物质原子成为社会人类生活中的基本交换物，他提出的"数字化生存"是指在数字空间工作、生活和学习的全新生存方式，包括虚拟生存状态、网络人际交流、虚拟社区、新型的情感交流与体验、网络语言等特征，可以说与元宇宙的构想如出一辙。数据信息与物质原子相比，前者无时无刻不与著作权相关，因为所有的数据信息或多或少都是人类智力创意的造物，而智力创意的造物会受到著作权制度的保护。例如，现实中的一束花是没有著作权的，但是虚拟世界中的

现实中的一束花没有著作权

但虚拟世界中的一束花无论是扫描或是绘制都附加了创作者的著作权

一束花——无论是扫描还是绘制的，都附加了创作者的著作权。所以，当我们踏入元宇宙社会，其中的绝大多数事物都会与著作权发生关系，人们的著作权意识会比现在更加普及，新型具有著作权的文化类商品会涌现，著作权制度也会因此变革调整。

（一）元宇宙时代著作权保护意识将全面提升

随着各类元宇宙项目的推进，人们终会接受以区块链为框架的著作权登记、交易与保护，并将视其为常态。对于线上创作行为而言，上链将会是其享有著作权并获得虚拟世界承认的一道门槛，拥有区块链凭证的作品才可能获得平等交互的空间。尽管当前的各个区块链著作权平台仍然带有较强的专业性，但这些平台的功能将垂直植入其他终端应用中，我们发布的文字、图片、音乐和视频在后台即可自动上链，我们看到的新闻、短视频等也将无不带有区块链的编号。对于著作权保护而言，作品上链意识的普及会逐渐扫除不法分子冒名顶替、盗版复制、内容抄袭等侥幸心理，从根本上减少侵权行为的发生。

（二）符合元宇宙法则的新生文化类商品大批量出现

各大互联网公司的元宇宙计划落地必然伴随着全新的区块

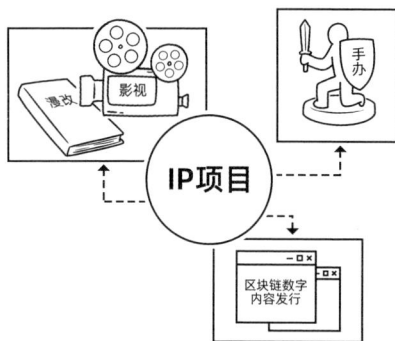

链作品发布，从而使IP运营突破线上线下二元对立的O2O营销理论。自2009年盛大文学（现并入阅文集团）提出"全版权运营"的理念后，小说、影视剧、游戏等媒体作品的相互衍生已被大量IP运营方实践。IP运营一般清晰地分为线上与线下两个部分，线上部分包括网文阅读、影游联动、漫改影视等内容，线下是纸书、唱片、手办等产品。但是，区块链技术可以将这一切上链，打破O2O营销理论的二元对立特征，一个IP项目的启动同时兼顾线上、线下和区块链数字内容发行三条销路。区块链数字内容发行具体包括以下两种情形。

1. 线下产品虚拟化

这种形式已在数字藏品领域有了很多产业实践，例如VeVe平台上发售的电影《星际迷航》两种飞船的区块链3D模型，还有可以增强现实方式呈现的007系列电影《无暇赴死》的杀手面具、滑翔机等。

2. 线上内容提供数字内容的区块链版本

在图书领域有限量版区块链数字内容图书、具有差异的区块链数字内容图书、图书中艺术创作作品的区块链数字内容数字版。作家杜马尼·曼德拉此前拍卖了 100 份限量区块链小说。

异质化碎片叙事很可能因为区块链的唯一确定性而成为阅读潮流。创作者提供的每个内容副本通常相同，但是区块链数字内容的唯一确定性允许他们放出限量甚至是唯一版本，每个区块链数字内容产品包含不同的故事部分。读者购买区块链数字内容产品的记录保存在区块链上，阅读时触发与区块链分布式账本的通信，检验访问权限并再次记录本次访问。他们只有进行更多信息交流和产品交换才能完全读懂角色更丰富、故事更复杂的叙事世界。目前已经出现的一种艺术碎块化的"玩法"，将一件艺术品分割为若干个包含不同背景故事的区块链数字内容碎片，用户集齐后可拼出完整的区块链艺术品。可见，异质化碎片叙事区块链数字内容产品的问世，使得读者阅读故事如同文化考古一般，这种场景并不那么遥远。

（三）区块链数字内容和作者的"UGC+MCN"版权平台产生

大型互联网平台在元宇宙领域的竞争或将产生若干个挖掘优秀区块链数字内容和作者的"UGC+MCN"版权交易平台。著作权意识普及与新型区块链作品发行必然再次刺激网民的创作热情，产生众多类型的原创区块链作品，极大丰富元宇宙的内容。大型区块链版权平台能够集中分散的网络用户，创作者上链、消费者购买、持有者查看、个性化合同等基础服务能够大大加速版权的使用与流通效率。从国内互联网发展历史来看，许多内容平台都完成了从 PGC（Professional Generated Content，专业生产内容）到"UGC（User Generated Content，用户生成内容）+MCN（Multi-Channel Network，多频道网络）"模式的进阶，即从海量作品池中发现优秀作者以培育自有 IP。其中的关键是关联性与激励机制，具体表现为：①生态关联用户可在平台上传作品、铸造与发售区块链数字内容产品；②平台功能嵌入到社交媒体、文学网站、影视网站、音乐库等其他关联性垂直应用中，用户对已发布的文字、图片、歌曲等内容可一键上链，并享受一定分成；③平台遴选区块链数字内容，扶持潜力股作者，形成自有 IP 品牌，构建出全版权运营的生态。

（四）元宇宙著作权保护制度修订调整新方向

在元宇宙时代，著作权相关法律规定会随着著作权生态的改变发生调整。如果说区块链尚且是技术对著作权保护手段的修修补补，那么元宇宙可以说将整体改变作品使用方式的格局。在《著作权法》中，"发行"与"传播"原本分别对应着"有限载体"和"无载体"的作品使用方式，后者囊括了各种互联网浏览、点播、直播。元宇宙时代的到来一方面意味着"传播"——特别是网上传播的部分可能在某一天全面超过"发行"。主要由"广播权－信息网络传播权"二元体系构成的"传播"需要进一步的理论解释和司法实践去完善，例如2013年国务院颁布的《信息网络传播权保护条例》，又如2020年《著作权法》修订对广播权的内容大调整。另一方面，元宇宙打破了虚拟世界与现实世界的界限，"发行"相关的发行权、租赁权的适用情形不一定只存在于现实世界，文化类数字商品借助区块链产生的唯一确定性使之并不违背"发行权一次用尽"原则，有无载体也就不能成为"发行"与"传播"的分水岭。例如，买一本实体书与买一份上链的图书副本，二者在《著作权法》意义上是否对应着相同的权利，有待更多的商榷。

四、充分保护著作权的创作者经济是元宇宙的确定未来

从互联网发展史来看，元宇宙时代将会形成创作者为主导的经济模式。网页开发、数字游戏、电子商务等领域都经历了"探索时代—工程师时代—创作者时代"的发展路径：①最初的研发人员在没有专业工具的情况下实现了从 0 到 1 的跨越，

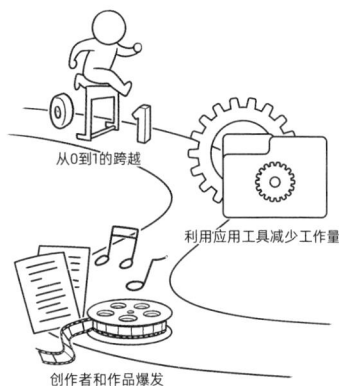

从0到1的跨越

利用应用工具减少工作量

创作者和作品爆发

一切都是从零开始，例如第一个网站是直接通过 html 代码完成；②随着专业知识的逐渐沉淀和显性化，专为程序员开发的应用工具开始出现，比如可渲染 3D 图形的 DirectX 等；③随着应用工具全面普及和"傻瓜化"，创作者和数字作品数量大爆发，市场的核心要素从过去的代码转变为创意。

按照这样的发展逻辑，元宇宙新世界的建构亟待海量创作者的入驻，人类也将迎来真正的创作者时代。目前，元宇宙的早期创作者们还在使用一些具有较高门槛的制作工具进行内容创作和发布；未来，随着专业工具

门槛的大幅降低，简单易用的元宇宙创作、上链、发布、浏览及收益分配机制将会逐步上线走进千家万户。基于区块链技术以及一系列相关数字技术的日益完善，元宇宙时代的创意作品和创新产品将得到充分的著作权保护和合理的收益分配。在上述发展路径逐渐成熟后，人类的元宇宙必将是一个以创作者为核心的崭新时代。